Signale der Persönlichkeit

Max Lüscher

Signale der Persönlichkeit

Rollen-Spiele und ihre Motive

Deutsche Verlags-Anstalt

Programmgruppe: dva-Beratung
ISBN 3 421 02356 5
© 1973 Deutsche Verlags-Anstalt GmbH, Stuttgart
Alle Rechte vorbehalten
Gesamtherstellung: Universitätsdruckerei H. Stürtz AG,
Würzburg
Printed in Germany

567809973432

Vorwort

Hier wird erstmals und leicht verständlich die Persönlichkeitstheorie der Funktionspsychologie dargestellt, die vor drei Jahr-
zehnten gefunden wurde und das Fundament der neuen, wissen-
schaftlichen Farbpsychologie ergab. Sie ist seither mit dem
»Lüscher-Farbtest« in der psychosomatischen Medizin, Psychiatrie, Ethnologie, Personalauslese, Marktpsychologie und in
Hunderttausenden von Testuntersuchungen in fast allen Kul-
turländern der Welt erprobt worden.
Die Funktionspsychologie ist so einfach zu verstehen, weil sie
lediglich klar bewußt macht, was ohnehin jeder vernünftige
Mensch täglich zu erkennen sucht: »Was bin ich eigentlich? –
Und was für eine Persönlichkeit ist der andere?«
Um so schwerer sind die Folgen für jeden, der daran vorbeilebt,
weil er die größte Chance seines Lebens – die Selbstverwirklichung als Weg zur inneren Freiheit – verpaßt.
Ich, der Autor, wünsche Ihnen von Herzen, daß das Vergnügen,
das ich beim Erkennen und Schreiben hatte, auch Ihnen Freude
und Heiterkeit bereite.

Max Lüscher

Inhalt

Signale der Persönlichkeit

»Signale der Persönlichkeit« ist eine unge-
wohnte Wortzusammenstellung, aber sie beschreibt genau das, was wir – zumeist unbewußt – täglich lernen und anwenden: die Persönlichkeit der uns begegnenden Menschen aus
vielen und verschiedenartigen Zeichen oder Signalen blitzschnell zu erfassen und zu beurteilen.

Vom lateinischen Wort »signum«, das Zeichen
bedeutet, ist Signal abgeleitet. Signale, zum
Beispiel Wegweiser, Stopplichter, Uniformen,
Clubabzeichen oder in Bilderrahmen aufge-
hängte Diplome, sind Zeichen, die eine bestimmte Bedeutung mitteilen wollen.

Als Persönlichkeitssignale verstehe ich nicht jene Merkmale wie schwarze Haare, ovales Gesicht, die zwar das Signalement einer bestimmten Person beschreiben, aber nichts über die
Persönlichkeit aussagen.

Als »Signale der Persönlichkeit« beschreibe
und analysiere ich im folgenden jene Hinweis-
Zeichen, die ein Mensch benützt, um anderen
zu verstehen zu geben, als was für eine Art
von Persönlichkeit er gelten möchte. Wir verstehen diese Signale, wenn meist auch nicht
bewußt, mit erstaunlicher Genauigkeit. Sie
werden halbwegs unbewußt und halbwegs absichtlich verwendet. Und genauso im Halbdun-

Signale

Signalement

kel des Bewußtseins verstehen wir ihre ver-
schleierte Absicht und üben diese Signalsprache im täglichen Gebrauch.
Signale der Persönlichkeit sind also all die von
einem Menschen ausgewählten Verhaltensweisen und Mittel, die bei seinen Mitmenschen
die erwünschte Einschätzung erzielen sollen
und ihn zum Beispiel als überlegen und selbst-
sicher oder als naiv und hilflos erscheinen lassen sollen.
Diese schillernd vielfältigen Signale können so
indirekt und verborgen sein wie psychosomatische Beschwerden, zum Beispiel eine Herzat-
tacke, die nur signalisiert: »Weil ich hilflos
bin, mußt du dich um mich kümmern«; oder
aber sie können so direkt und offenbar sein
wie die mit naivem Stolz zur Schau getragenen
Abzeichen. Die Signale können in den verschie-
denartigsten Haltungen von der arroganten
Wichtigtuerei bis zur absichtlichen Bescheidenheit, dem Understatement, der vor sich selbst
verborgenen Eitelkeit, auftreten.
Wer die Signale bewußt kennt und einordnet,
Sprache versteht die Sprache der Motive. Er versteht
der Motive mehr, als die Worte sagen, und läßt sich weniger
leicht irreführen. Er hat sich die begrifflose Intelligenz des Haushundes, dieses partiell ausge-
zeichneten Menschenkenners, erworben. Wer

Bescheid weiß, kann die Signale auch selbst
senden und die beabsichtigte Geltung gezielt
bewirken. »Werbung« heißt der Fachaus-
druck, und »Reklamefachleute« nennen sich
diejenigen Signalisten, die sich mit der Signalsprache ihr Butterbrot verdienen.
Vielen Menschen, besonders den sensiblen,
macht es Spaß, diese geheimnisvolle Signalsprache zu entziffern, die Signale zu deuten
und zu erraten, wer was sei und wer mit wem
welche Art der Beziehung habe. Diese vergnüg-
liche Liebhaberei, der sie am liebsten im Stra-
ßencafé obliegen, nennen sie »Menschen beobachten«. Solches »Menschen beobachten«   »Menschen
bleibt oft in einer selbstgefälligen Neugier stek-   beobachten«
ken.
Der Versuch, die beobachteten Signale zu deuten, setzt voraus, daß wir ein System besitzen,   System
in das wir die Beobachtung einordnen können.
Ich verwende dazu die Methode der Funk-   Methode der
tionspsychologie, nach der auch der Farbtest   Funktions-
aufgebaut ist, der die statistisch verarbeitete   psychologie
Erfahrung an Zehntausenden von Versuchs-
personen in zahlreichen Kulturbereichen der
Welt eingebracht hat.

Die Selbst-Verwirklichung

Den Psychologen wird – oft zu Recht – der Vorwurf gemacht,»sie sähen hinter allem etwas«, es gäbe für sie nichts Normales. Die Psychoanalyse hat tatsächlich besonders das kranke Seelenleben erforscht. Die psychische Gesundheit zur Methode zu machen – was das Anliegen der Pädagogik und der Lebensphilosophie wäre – scheint den abendländischen Geistesrichtungen schwer zu gelingen. Weil die Gesundheit das Ziel ist, geht die Funktionspsychologie von der »Normalität« aus, also vom realitätsangemessenen Verhalten des Menschen gegenüber der Wirklichkeit. Dieses Ziel, die Gesundheit der Persönlichkeit, erlebt die Funktionspsychologie als Weg der Selbst-Verwirklichung.

Die folgenden Abschnitte bis zur Übersichtstabelle »Die Grundtypen der Funktionspsychologie« (Seite 36) stellen kurz die Persönlichkeitstheorie der strukturellen Funktionspsychologie in ihren Grundzügen dar. Sie können nachträglich gelesen werden, wenn man sich zuerst für die Ergebnisse interessiert.

Psychoanalyse

» Normalität «

Die Bereiche
der Selbst-Verwirklichung

Die Beziehung vom Subjekt zum Objekt, also vom einzelnen Menschen zur Realität, gliedern wir in drei Bereiche:
1. Anspruchs-Bereich,
2. Ich-Bereich,
3. Verhalten in der Umwelt.
Das bedeutet:
1. Ist der Anspruch auf die Wirklichkeit bezogen, so ist die Beziehung »realitätsentsprechend«, also »relativ« und daher relativiert.
2. Ist der Ich-Bereich wirklich realitätsbezogen und dabei selbst Teil der Realität, so bin ich in realer Weise »Ich-Selbst« und bin mit selbstunbewußtem Interesse engagiert.
3. Ist mein Verhalten in der Umwelt auf die Wirklichkeit bezogen, so erfüllt sich darin meine Selbst-Verwirklichung. Diese realitätsentsprechende Selbst-Verwirklichung erfüllt »Glück« sich im Hier und Jetzt, sie wird als »Glück« erlebt: emotional als »Liebe«, ästhetisch als »Schönheit«, als harmonische Übereinstimmung, zeitlich als zeitlose, unmeßbare »Ewigkeit«, räumlich als grenzenlose »Unendlichkeit«, logisch als »Wahrheitsevidenz«.

Diese Realitätsentsprechung ist das Ideal, also das Ziel des Strebens nach Glück. Sie ist somit auch das Hauptziel der Pädagogik, der Therapie und der Kultur.

Die Selbst-Illusionierung

Der Mensch, das Wesen, das fragt:»Was bin ich?« gleitet leicht aus der direkten Realitäts-bezogenheit des gesunden, normalen Verhaltens, das wir mit dem Zeichen» = «markieren, in die Übertreibung, die wir mit»+« kennzeichnen und in die Untertreibung, die wir mit» − « bezeichnen.

Realitäts-
bezogenheit

1. Anspruchs-Bereich

1.1 Die Anspruchs-Haltung

Jeder übertriebene Anspruch ist nicht mehr auf die realen Umweltverhältnisse bezogen, also nicht mehr relativ, sondern er wird zum absoluten Anspruch (+):» Ich will unbedingt,daß…«.

Dabei ist es dasselbe, ob der absolute Anspruch lautet:»Ich will unbedingt, daß du
mich liebst« oder als ausgewachsener Größen-
wahn:»Ich bestimme das Schicksal der näch-
sten 1000 Jahre« (Hitler).

1.2 Die hemmende Angst

Angst

Jeder absolute Anspruch meint mit Absolut-
heit:»Ich will unbedingt nicht, daß eine bestimmte Situation eintritt«,»Man muß mich
unbedingt sympathisch finden« und zugleich
»Ich will auf keinen Fall, daß man mich unsympathisch findet«. Jeder absolute Anspruch
(» + «) erzeugt unmittelbar, aber meist unbewußt Angst, weil man insgeheim weiß, daß er
die Realität überfordert. Diese blockierende
Angst, den»gehemmten« Anspruch, kennzeichnen wir mit» – «.
Jeder absolute Anspruch erzeugt zu Recht die
hemmende Angst, daß er nicht erfüllt werde;
jedes» + « erzeugt ein» – « und auch umgekehrt: Je größer die Angst ist (»Ich will auf
keinen Fall, daß ich nicht geliebt werde«), um
so dringender, um so absoluter ist der Anspruch, daß die Erwartung in Erfüllung gehe
(»Ich will unbedingt, daß du mich liebst«).

Alle Erfahrungen, die unser »Wissen« über
Realität ausmachen, bilden den Inhalt des
»Ge-Wissens«. Das »gewissen-hafte« Selbst   Gewissen
weiß, in welchem Maße ein Anspruch – gemessen an der Realität – tendenziös übertrieben
ist. Es weiß, daß daher in genau demselben
Maße Angst vor der Realität angemessen ist.
Diese mathematische Symmetrie zwischen   Symmetrie
Über-Anspruch (+) und Angst (–) nenne ich
Funktion.
Funktion bedeutet in der Mathematik die Ab-   Funktion
hängigkeit einer Größe von einer bestimmten
anderen Größe: das Steigen der einen Waag-
schale vom Sinken der anderen oder der Flä-
cheninhalt eines Quadrates von der Seiten-
länge.
Ich habe diese Bedeutung der Funktionalität,   Funktionalität
also der Abhängigkeit zweier Größen von-
einander in die Psychologie übertragen und be-
zeichne die Abhängigkeit eines übertriebenen
Affektes (+), zum Beispiel Wichtigtuerei, von
einem untertriebenen Affekt (–), zum Beispiel
Minderwertigkeitsgefühl, als Funktionalität.
Meist ist entweder » + « die bewußte Absicht,
und » – « bleibt unbewußt, oder aber » + «
bleibt unerkannt, und » – « bildet den Be-
wußtseinsinhalt.

2. Ich-Bereich

2.1 Das Ich als Idol-Rolle

»Idol-Ich«   Bei jedem absoluten Anspruch verändert sich das Selbstgefühl. Weil ich unbedingt will, daß mein persönlicher Anspruch erfüllt werden muß, zum Beispiel als bester Arzt anerkannt zu werden oder für jedermann sympathisch zu sein, entwickle ich ein überbewertetes, illusionär überschätztes Selbstbewußtsein, das wir künftig als »Idol-Ich« (+) bezeichnen. Mein Selbstbewußtsein ist nunmehr davon abhängig, inwiefern der absolute Anspruch erfüllt wird.

2.2 Das Ich als Defensiv-Rolle

»Angst-Ich«   Jeder unbedingte Anspruch enthält gleichzeitig die Negation: »Ich will unbedingt nicht, daß...« Mit dieser Befürchtung und durch diese hemmende Angst wird das Selbstgefühl ebenfalls verändert. Ich verfalle in ein imaginäres Ungenügen (»Ich will unbedingt nicht durch das Examen fallen«). Dieses unterbewertete, illusionär unterschätzte Selbstbewußtsein nennen wir »Angst-Ich« (−).

3. Verhalten in der Umwelt

3.1 Das Verhalten in der Idol-Rolle

Der absolute Anspruch und das Idol-Ich führen zwangsläufig zu einem entsprechenden
Verhalten gegenüber der Umwelt.
Das Idol-Ich, die Einbildung, eine berufliche
oder gesellschaftliche Star-Rolle zu spielen,
verlangt nicht nur ein entsprechendes Mienenspiel und Gebaren, sondern auch die entsprechenden Attribute: Haus, Auto usw. Dranghaft und daher wahllos, also ohne auf die Wirklichkeit Bezug zu nehmen, wird alles getan,
was die Idol-Rolle vermeintlich verlangt. Das
Verhalten ist nicht mehr von der äußeren Wirklichkeit bestimmt, sondern dranghafte Kompensation ($+$) gegen die innere Angst ($-$). Die
Wahl des Autos erfolgt nicht mehr nach reali-
tätsentsprechender Zweckmäßigkeit, sondern
im Bestreben, die Idol-Rolle zu erfüllen.
Die Wahl eines Idol-Autos, wie auch jedes andere kompensatorische Verhalten, besitzt Si-
gnal-Charakter. Es signalisiert: Schau mein
Auto an, damit Du weißt, wer ich bin. Wenn
Auto, Titel, Haus, Vermögen usw. vor allem
als Prestige-Signale zur Selbstbestätigung dienen, geht der Bezug zur Realität verloren.

Realitätsverlust

3.2 Das Verhalten in der Defensiv-Rolle

Dem dranghaften Anspruch (+) steht die Verdrängung (−), also dem Maßlosen, Wahllosen
(+) die wählerische Unentschiedenheit (−)
in funktionaler Abhängigkeit gegenüber. Die
blockierende Angst, die das Angst-Ich in seine
Defensiv-Rolle zwingt, erzeugt ein Verhalten
zur Umwelt, das ebenfalls nicht realitätsentsprechend ist. Die Defensiv-Rolle äußert sich
Vorurteil   als Gleichgültigkeit, als Vorurteil, als unsach-
liche Kritik, als Abwehr oder Feindseligkeit.
Auch sie hat ein wirklichkeitsfremdes oder rea-
litätsfeindliches Verhalten zur Folge, das sich
als Bequemlichkeit, Gehemmtheit, Zwanghaf-
Phobie   tigkeit, als Depression, Phobie oder gar als De-
struktion äußern kann.
Das destruktiv-feindselige Verhalten, das der
Defensiv-Rolle entspringt, äußert sich in zahl-
losen Signalen, die man als Zeichen der meist
unbewußten Lebensangst erkennen muß: Ent-
weder in der Form der Empfindlichkeit, der
Reizbarkeit, bis zum demütigend gemeinten
Spott und der hämischen Herabsetzung. Le-
Aggression   bensangst äußert sich nicht nur als Aggression,
Regression   sondern auch als Regression, zum Beispiel in
Redensarten wie »Es kommt doch alles, wie
es muß«, »Da kann man nichts machen« oder

in den bequemen Unverbindlichkeiten auf dem
»Wie geht's«-Niveau. Ein defensives Verhalten kommt auch in all der Gleichgültigkeit des
Herzens und der Bequemlichkeit des Geistes
zum Vorschein. Ein realitätsbezogener Mensch
wird immer spontan – freudig oder bekümmert
– reagieren. Das Fehlen wird zum alarmierenden Signal.

Gleichgültigkeit
Bequemlichkeit

Die zahllosen Signale, die im unechten Verhalten zur Umwelt benützt werden, um die Mitmenschen von der Idol-Rolle, die man spielen
möchte, zu überzeugen, all diese Gesten und
versteckten Hinweise, die man sich etwas kosten läßt, um die erstrebte Geltung zu signalisieren, sollen im nachfolgenden Kapitel dargestellt werden.

Viele spielen die Idol-Rolle des »anständigen«
Menschen, indem sie ihre Sexualität in die Defensiv-Rolle zwingen: die Sinnesfreude wird
tabuiert (auch *Freud* identifiziert die Defensiv-Rolle, das »Es« mit dem Sexualtrieb). »Sexy«
zu sein, wird aber heutzutage von vielen jungen
Menschen gerade umgekehrt zur Idol-Rolle,
zum »Über-Ich« erhoben, wogegen das geistig
Kultivierte der Defensiv-Rolle, dem »Es« anheimfällt. Kulturwerte der älteren Generation
werden verachtet.

das »Es«

Rollen-Signale
und Status-Symbole

Zwar kann man jede Tätigkeit und auch jede soziale Position mit dem Ausdruck »Rolle« bezeichnen, wie es heute häufig geschieht. Wenn man aber den Begriff der Rolle derart ausweitet, daß man ihn für jede Funktion und jedes Eingefügtsein in gesellschaftliche Verhältnisse gebraucht, wird dieser Begriff zu einem Modewort ohne besonderen Sinn. Bei dieser Verallgemeinerung würde Rolle, zum Beispiel die »Rolle der Mutter«, völlig Verschiedenartiges bedeuten können:
Wenn eine Frau Mutter geworden ist, so hat sie:
1. eine andere Funktion (Tätigkeit),
2. ein anderes Selbstverständnis,
3. eine andere soziale Position.
Sagt eine Mutter zu ihrem Kind: »Ich habe dir eine Puppe mitgebracht«, so spricht sie in der Funktion der Mutter. Sagt sie aber: »Schau, was dir deine Mutti mitgebracht hat«, so spiegelt sie sich selbst und spielt dabei die Rolle der Mutter.
Ich möchte den Begriff »Rolle« daher präzisieren und ausschließlich auf die Art der Selbstdarstellung beschränken. Das Selbstgefühl bestimmt wie ein Regisseur, welche Rolle man spielen und welche Requisiten (Kleidung, Wohnungseinrichtung) man verwenden soll.

Rolle

R. Linton hat klar und richtig die Pflichten und die Rechte, die ein Mensch in der Gesellschaft besitzt, als seinen Status definiert. Der Schafhirt hat ebenso wie der Bundespräsident seinen

Status   eigenen bestimmten Status. Dementsprechend ändern die Status-Symbole ihre Bedeutung. Status-Symbole sind Zeichen für die Pflichten und Rechte, für die Position innerhalb einer

Status-Symbol   Gesellschaft. Status-Symbol ist die Uniform des Polizisten, des Zollbeamten, der weiße Berufsmantel des Arztes, der lange Rock der Nonne, das CD-Schild am Auto der Diplomaten, die Krone des Königs, der Zylinder des Kaminfegers, die hohe Mütze des Chefkochs, die Armbinde des Parkwächters oder des Sanitäters. Titel wie Dr. med. und Berufsbezeichnungen wie Minister, Pfarrer, Rentner sind Statusmerkmale. Diese sagen nichts über das Selbstgefühl aus. Die Nonne mag mehr Schuldgefühle haben als die Dirne, der Kaminfeger mag seinen Zylinder mit mehr Stolz tragen als der König seine Krone. Nimmt man die soziologische Definition des Status-Begriffes ernst, so ist weder ein Rolls-Royce noch das Rotary-Abzeichen ein echtes Status-Symbol. Weder die Villa mit Swimming-pool und Dienerschaft noch der Nerzmantel, weder der sonntägliche Kirchenbesuch noch ein funktionsloser Adels-

titel bezeichnen die gesellschaftliche Funktion,
den Status. In den meisten Fällen aber sind
dies alles ausgereifte Rollen-Signale, denn sie
sagen nichts über die Pflichten und Rechte,
meist aber sehr viel über das illusionäre Selbstbewußtsein dieser Menschen.
Linton hat dem Status, also der gesellschaftlichen Position, die ein Mensch einnimmt, die
Rolle als »dynamischen Aspekt« gegenübergestellt (*T. Parson*: »Prozessualer Akt«;
G. Meads: »Role taking«). Besonders *Claes-
sens* und *Tonbruck* haben die Rolle als die Ich-
Bildung in der Reaktion auf das Sozialgefüge
untersucht.
Noch strenger als diese Autoren möchte ich die
Rolle ausschließlich auf die Selbstbewertung
und den daraus resultierenden Umweltbezug
einschränken. Unter Rolle verstehe ich also we-   Rolle
der die gesellschaftliche Position, den Status
(zum Beispiel als Arzt oder als Mutter), den
man wirklich einnimmt, noch eine Tätigkeit
(zum Beispiel als Arzt oder als Mutter), die
man wirklich ausübt, sondern einzig und allein
die Beurteilung der eigenen Person, die fiktive
Selbstbewertung, also die Einbildung, daß die
Umwelt meine Person so taxiert, wie ich mir
denke, und daß ich weiß, was ich für einen
bestimmten anderen Menschen bedeute (zum

Beispiel für den Liebespartner, für den Ehe-
partner, den Sohn, den Geschäftspartner) oder
für eine gesellschaftliche Gruppe (also zum Beispiel für die eigene Familie, die Nation oder
die ganze Menschheit). Unter »Rolle« verstehe
ich also die stets illusionäre Selbstbewertung
und die daraus resultierende Haltung und Ver-
haltensweise.

Wohl kann man Leistungen als objektive Tat-
sachen bewerten, wer aber von der Fiktion ausgeht, daß auch eine illusionäre Selbstbewertung der Realität entspricht, richtet auch sein
Verhalten danach: Er spielt eine Rolle.

Das Rollenspiel hat seinen psychopatholo-
gischen Höhepunkt in der paranoiden Denk-
störung (»Ich bin der Kaiser von China«) und
seinen neurotischen Höhepunkt in hysterischen
Erkrankungen mit psychosomatischen Symptomen. Stets ist das illusionäre Selbstgefühl
dafür maßgebend, ob man eine Rolle spielt
und was für eine Rolle man in bezug auf die
Gesellschaft spielen will. Voraussetzung für jedes Rollenspiel ist ein Selbstgefühl, das zu einer
illusionären Selbstbewertung entartet ist (ich
bin dumm oder intelligent, schön oder unattraktiv, unbedeutend oder einflußreich).

Joga-Lehre   Die besondere Joga-Lehre des Satipathana
und die Lehre des Sokrates (»Ich weiß, daß

ich nichts weiß«) vertreten ein Selbstgefühl,
das den Menschen vor einer infantilen und fol-
genschweren Selbstbeurteilung bewahren will.
Da es den abendländischen Kulturen nicht ge-
lungen ist, viele Menschen zu dieser selbstbe-
wußten Demut zu führen, treibt der Ich-Wahn
von der Selbstbewunderung bis zu der meist
unbewußten Selbstverachtung, vom Über-Ich   Über-Ich
bis zum Es, vom Himmel bis zur Hölle, seinen   Es
makabren Spuk.
Diese Selbstbezogenheit verbaut nicht nur den   Selbst-
Zugang zur Wirklichkeit, sondern schadet   bezogenheit
durch ihre egozentrische Selbst-Illusionierung
der Selbsterhaltung, dem »gesunden Egois-   Egoismus
mus«. Aus egozentrischem Geltungsdrang
kann man beispielsweise die Rolle des »Helden« spielen und für dieses Idol sogar Besitz
und Leben opfern.
Das echte Selbstgefühl ist bestrebt, jede Selbst-   Das echte
überbewertung auszuschalten. Es vermeidet   Selbstgefühl
dadurch die Selbst-Illusionierung, die einerseits als Idol-Ich und Idol-Rolle und anderseits
gleichzeitig als Angst-Ich und Defensiv-Rolle
wirksam wird. Die grassierende Selbst-Illusionierung verhindert den Zugang zur Wirklichkeit und damit zur Selbst-Verwirklichung.
Wird das Selbstbewußtsein wertend interpre-
tiert, so wird es als illusionäre Selbstbewertung

unrealistisch. Es stellt sich in Gegensatz zur Wirklichkeit. Es stellt sich ihr polar gegenüber: »Innenwelt« »Innenwelt« und »Außenwelt« werden Ge-
»Außenwelt« gensätze. Die Selbstbewertung, das Selbstgefühl wird Gegenspieler zur Umwelt.

Beide Bereiche, sowohl die illusionäre Selbstbewertung als auch der Umweltbezug, zerfallen in Gegensätze: Die illusionäre Selbstbewertung spaltet sich einerseits auf in das »Idol-Ich«, das man sich erträumt (zum Beispiel gemütlich, behaglich leben zu wollen) und in das geheime »Angst-Ich« und die innere Not (zum Beispiel den Anforderungen nicht gewachsen zu sein und im Leben zu versagen). Auch der Umweltbezug spaltet sich in polare Verhaltensweisen auf, einerseits in die Idol-Rolle, das »Zielprogramm« »Zielprogramm«, das man erstrebt, und anderseits in die Defensiv-Rolle, also diejenige Situation, die man unbedingt zu vermeiden »Abwehr- trachtet. Sie wird zur »Abwehr-Situation«, Situation« weil man sie als Gefahr fürchtet. Es ist diejenige Situation, gegen die man sich mit irgendwelchen Vorwänden wehrt: »Ich werde mich hüten«, oder: »Das kann ich mir nicht leisten«, »Ich kann es mir nicht leisten, gemütlich, behaglich zu verweilen«, »Ich habe keine Zeit, mir solche Genüsse zu leisten«. Umgekehrt kann das »Zielprogramm« desselben Men-

schen zum Beispiel heißen:»Ich will mich
durchsetzen und Erfolg haben.«
Umfangreiche psychodiagnostische Untersuchungen haben seit dem Jahre 1957 besonders
in der psychosomatischen Medizin (Klinischer
Farbtest und kombinierter Form-Farb-Test)
gezeigt:
1. Das illusionär bewertete Selbstgefühl motiviert das umweltbezogene Verhalten.
2. Das bewertete Selbstgefühl spaltet sich
gleichzeitig in das Idol-Ich und in das Angst-
Ich, und der Umweltbezug spaltet sich gleichzeitig in die Idol-Rolle und in die Defensiv-
Rolle.
3. Das Idol-Ich und die umweltbezogene Defensiv-Rolle motivieren sich gegenseitig. Das
Angst-Ich und die umweltbezogene Idol-Rolle
motivieren sich ebenfalls gegenseitig.
Es besteht also ein reziprokes Verhältnis zwischen der Ich-Bewertung und dem Rollen-Verhalten.
Dieser Zusammenhang ist im Prinzip längst
bekannt und populär: die harte Schale (Rolle)
mit weichem Kern (Ich). Umgekehrt weiß man
auch, daß Menschen, die mit taktischem Charme und Diplomatie ihre Rolle spielen, ihr Ziel
meist mit eiserner Konsequenz, also einem un-
beeinflußbaren Selbstgefühl verfolgen.

Selbstgefühl
Verhalten

Übersicht

Ideales Selbst-verständnis ←——→	Idealer Umwelt-bezug
Selbstbewußtsein	Selbst-Verwirklichung

Illusionäres Selbstverständnis ←——→	Illusionärer Umweltbezug
Überbewertetes Selbst-bewußtsein:	Überbewerteter Umwelt-bezug:
A Idol-Ich (bewirkt a)	b Idol-Rolle (bewirkt B) Zielprogramm: »Ich muß unbedingt ...«
Unterbewertetes Selbst-bewußtsein:	Unterbewerteter Umwelt-bezug:
B Angst-Ich (bewirkt b)	a Defensiv-Rolle (bewirkt A) Situation, die vermieden und abgewehrt wird: »Ich kann mir nicht leisten ...«

Beispiel

Illusionäres Selbstverständnis

A Idol-Ich (bewirkt a)
»Ich brauche einen Partner, der mich absolut und be-dingungslos liebt.«

B Angst-Ich (bewirkt b)
»Ich habe im geheimen Angst vor Einsamkeit und Isoliertheit.«

Illusionärer Umweltbezug

b Idol-Rolle (bewirkt B)
»Ich suche Kontakt mit Menschen, die mich schätzen und lieben.«

a Defensiv-Rolle (bewirkt A)
»Ich hüte mich, meine Liebe zu zeigen, wenn ich nicht absolut sicher bin, daß ich bedingungslos geliebt werde.«

Die vier Strukturen

Die Psyche reagiert mit den beiden funktions-
psychologischen Einstellungen » + « (als Hinwendung zum Idol) oder mit » – « (als defensive Abwendung) immer auf bestimmte psychische Zustände. Diese Zustände können den eigenen Körper betreffen, zum Beispiel Müdigkeit, Gespanntheit, Erregtheit, oder aber durch
umweltbezogene Vorstellungen verursacht
sein, zum Beispiel Langeweile, Furcht, Verliebtheit.
Von den möglichen psychischen Zuständen
unterscheiden wir aus erkenntnistheoretischen
Gründen vier emotionale Zustände, die wir als
die Strukturen 1, 2, 3, 4 bezeichnen. (Siehe
hierzu die Übersicht Seite 34.)
Freud hat in naturwissenschaftlicher Denkwei-
se diesen Strukturen somatische Bezeichnun-
gen gegeben: für 1 oral; für 2 anal; für 3 genital.
Aber den Bereich der optischen Reize, das Vi-
suelle (4), hat er nicht eingeordnet.

Strukturen

Übersicht

	Kon-zentrisch (statisch)	Ex-zentrisch (dynamisch)
heteronom (fremdbestimmt)	1	4
autonom (selbstbestimmt)	2	3

Die Diagonalen 1 und 3 sowie 2 und 4 bilden Gegensätze:

	1	4
psychosomatisch	Ruhe	Lösung
psychologisch	Zufriedenheit	Veränderung

	2	3
psychosomatisch	Festigkeit	Erregung
psychologisch	Beharrung	Aktivität

Dem entsprechen vier psychologische Farben und Formen:

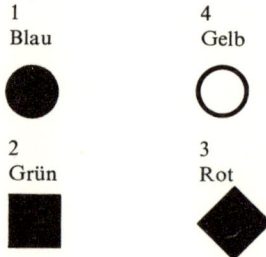

1	4
Blau	Gelb

2	3
Grün	Rot

Struktur und Funktion

Die Verhaltens-Signale offenbaren die Persönlichkeitsstruktur. Deshalb analysieren wir jedes Signal und bestimmen seine Zugehörigkeit zu einer der vier emotionalen Strukturen. Zugleich müssen wir auch die Funktion der Signale entweder als Hinwendung zu einem Idol (+) oder als defensive Wendung gegen eine Situation (−) bestimmen.

Hinwendung
Gegenwendung

Jede der vier Strukturen kann entweder realitätsentsprechend (=) oder als Idol-Rolle (+) oder als Defensiv-Rolle (−) auftreten. In den folgenden Kapiteln beschreibe ich die vier Persönlichkeits-Strukturen in ihrer Defensiv-Rolle und in ihrer Idol-Rolle. Diese vier Strukturen können als Typen mit den ihnen entsprechenden psychologischen Grundfarben bezeichnet werden: 1 = Blau-Typ, 2 = Grün-Typ, 3 = Rot-Typ, 4 = Gelb-Typ.

Typen
Grundfarben

Die Grundtypen der Funktionspsychologie

Ich-Selbstgefühl	Verhalten im Umweltbezug			
	● Blau	■ Grün	◆ Rot	○ Gelb
		Selbstverwirklichung		
Selbst-un-bewußtsein (=) Anspruch: relativ (Ich möchte)	=1 Ruhe Entspannung Zufriedenheit	=2 Festigkeit Beharrung Selbststeuerung	=3 Erregung Bewegung Aktivität	=4 Lösung Veränderung Entfaltung
	Idol-Rolle (+) »Ziel« (Drang nach)			
Idol-Ich (+) (überbewertetes Selbst- bewußtsein) Anspruch: absolut (Ich will unbedingt)	+1 Befriedigung Betäubung Regression	+2 Geltung Imponieren Prestigeposition	+3 Erleben Erregtheit Reizsucht	+4 Unabhängigkeit Suchen Problemflucht
	Defensiv-Rolle (−) »Abwehr« (Angst vor)			
Angst-Ich (−) (unterbewertetes Selbst- bewußtsein) Anspruch: absolut nicht (Ich will auf keinen Fall)	−1 Reiz-Leere Langeweile Liebesentbehrung	−2 Enge Abhängigkeit Zwang	−3 Über-Reizung Überdruß Erschöpfung	−4 Weite Verlust Verlorenheit

Die Defensiv-Rolle des Blau-Typs (–1): Die Angst vor Leere und Entbehrung

Natürlich gibt es Menschen und Situationen, die zum Totgähnen langweilig sind. Wer aber aus eigener Passivität (»Es lohnt sich nicht«, »Es hat doch keinen Sinn«) oder wegen unrealisierbarer Ansprüche unzufrieden ist, erzeugt aus sich selbst die Angst, zu kurz zu kommen und das entbehren zu müssen, was zu seiner Befriedigung nötig wäre. Die Angst vor dieser Erlebnis-Leere erzeugt eine innere Unruhe oder Agitiertheit. Die Angst, frustriert zu werden, treibt einen fort, weg von der unbefriedigenden Partnerbindung oder beruflichen Situation. Wenn aber, wie so oft, die innere Abwendung oder die mißtrauischen Vorbehalte bestehenbleiben, weil die Bindungen nicht gelöst werden, wird die Beziehung tiefgekühlt und flackert bestenfalls in liebenswürdiger Gleichgültigkeit dahin. Die im gegenseitigen Arrangement unterdrückte Unzufriedenheit kommt nur noch indirekt als unangemessene Empfindlichkeit, Reizbarkeit und gespannte Ungeduld oder im zoologisch erweiterten Wortschatz zum Ausdruck.

Erlebnis-Leere
Agitiertheit

Unzufriedenheit

Die Befürchtung, daß aus einer Bindung eine unbefriedigende Leere entstehen könnte, blokkiert die echte Gefühlsbeziehung und das Vertrauen in ein gegenseitiges, sensibles Verständnis und eine gemüthafte Verbundenheit.

Selbstschutz

Zum Selbstschutz umzäunen diese Menschen ihr emotionales Revier und lassen jeden Partner nur stufenweise näherkommen. Die

Distanzkriterien

Distanzkriterien werden bei jeder Beziehung mit sensibler Subtilität festgesetzt. Innerhalb einer differenzierten Stufenleiter wird dem Partner das Näherkommen freigegeben. Solche

Kontakt-
haltungen

bewußt eingehaltenen Kontakthaltungen sind zum Beispiel nicht grüßen, kurz angebunden sein, höflich, freundlich, zärtlich, erregbar, orgasmusfähig, intim-herzlich, vertrauensfähig. Um den Partner zu tadeln, ist man kurz angebunden, oder er wird dadurch um eine Stufe zurückversetzt, daß anstelle des Mundkusses nur die Wange angeboten wird.

Wenn die Selbsthingabe blockiert wird, bleiben die Gefühle aufgestaut (»Was geht in ihm vor?«, »Was denkt er jetzt?«). Da diese Gefühle auf keine Realität bezogen sind, werden sie durch irreale Beziehungs-Vorstellung ersetzt. An die Stelle der erlebten Beziehung treten Beziehungsklischees: »Welches Tierkreiszeichen sind Sie?« – »Aha!«

Wenn Gefühle durch Angst blockiert werden,
erzeugen sie anstelle der realen Erlebnisinhalte
die irrealen Inhalte des Aberglaubens, der   Aberglauben
Ideologiegläubigkeit und sogar Wahnvorstel-
lungen. In diesem geheimen (»introvertier-
ten«) Gefühlsdschungel wuchern die sentimen-
talen und auch die heroischen Tagträume.   Tagträume

Die Idol-Rolle des Blau-Typs (+ 1): Der regressive Befriedungsdrang

Die Zufriedenheit (= 1) kann so sehr entbehrt
werden, daß die Sehnsucht nach allem, was
Befriedigung, Ruhe und Entspannung bringen
könnte, dranghaft benötigt wird. Betäubung
und Vergessen ist das Ziel des Befrie-   Befriedungs-
dungsdranges (+ 1): entweder durch körper-   drang
wirksame Betäubung wie exzessive Sexualität,   Betäubung
Schlemmen, Alkoholismus, Beruhigungsdro-
gen und Schlafmittel oder durch die Reduktion
der geistigen Ansprüche (zum Beispiel auf die
Stufe der Kreuzworträtsel-Intelligenz). Ein be-
liebter Fluchtweg der Betäubung ist die Regres-   Regression
sion, der »Rückschritt« in die problemfreie Be-

Flucht

friedigung leiblicher Bedürfnisse, ins »Einfache Leben«, ins vermeintlich Ursprüngliche, vermeintlich Kindliche und Natürliche: Die Flucht ins Kinderkriegen bei Frauen, die damit beruflichen oder ehelichen Schwierigkeiten ausweichen möchten, oder bei unter Streß stehenden Managern die Flucht in die Idylle der Natur, die sie im Besitz eines eigenen Bauernhofes oder wenigstens einer rustikalen Hausbar ausleben.

Die Defensiv-Rolle des Grün-Typs (−2): Die Angst vor Enge, vor Abhängigkeit und Zwang

»Kaufzwang«

Notwendigkeit

Nicht alles, was als Zwang erlebt wird, ist gewaltsame Bedrohung von außen. Der »Kaufzwang«, den eine Handtasche aus Krokodilleder ausübt, geht weder vom Krokodil noch von der Handtasche aus. Selbst wenn man aus Hunger essen muß, ist das eigentlich kein Zwang, sondern eine Notwendigkeit. Bei Notwendigem sollte das Müssen ein Wollen sein. Notwendigkeit darf nicht mit willkürlichem

Zwang verwechselt werden. Wer kaufen will,
muß auch bezahlen. Wer einen Anspruch stellt,
muß auch Verzicht leisten. Er muß zur Gegenleistung bereit sein. Gerade darin besteht die
reale Notwendigkeit und Selbstdisziplin, die   Selbstdisziplin
realitätsbezogene Selbst-Steuerung (= 2): Ich
entscheide, was ich haben will und was ich dafür zu zahlen bereit bin. Die Selbst-Verwirk-   Selbst-
lichung setzt voraus, daß ich sowohl zu fordern   Verwirklichung
als auch zu verzichten fähig bin. Wer aber einen
absoluten Anspruch stellt, kann nicht verzichten. Er ist nicht bereit, den Gegenwert zu leisten. Damit wird er zum Gefangenen seiner
eigenen Ansprüche. Er gleicht jenem Affen, der
sich fangen läßt, weil er die Banane nicht los-
läßt, die er durch einen engen Flaschenhals
herausholen möchte.

Wer übersteigerte oder konzessionslose Ansprüche stellt, wer von allen bewundert oder
von allen geliebt werden will oder blinden Gehorsam verlangt, wer nicht altern will oder
glaubt, Verpflichtungen und Vereinbarungen
nicht einhalten zu müssen, ignoriert die Wirklichkeit, die notwendige Relation zu ihr und
die Relativität des Wirklichen. Er selbst ist zu
einer entsprechenden Gegenleistung nicht
imstande: nämlich selbst alle zu bewundern;
alle zu lieben; auch die anderen nicht älter wer-

Notlüge

Lebenslüge

Abhängigkeit

Entscheidungs-
unfähigkeit
Kompromiß-
bereitschaft
+1 −2

den zu lassen. Weil er den totalen Anspruch stellt, empfindet er die Wirklichkeit in ihrer ausgleichenden Relativität als Einengung und Zwang. Um ihrer Notwendigkeit zu entfliehen, weicht er ihr – wenn nötig durch» Notlügen« – aus. Durch Ausflüchte ausweichen wird zur Lebenstaktik und schließlich zur Lebenslüge, die das Selbstvertrauen zerstört. Weil man auf nichts verzichten will, kann man sich auch nicht entscheiden. Man fühlt sich abhängig und steckt in einer Sackgasse. Die vermeintliche oder falsch eingeschätzte Abhängigkeit (zum Beispiel als Ehefrau) wird als unüberwindbares Hindernis gesehen, das eine sinnvolle Selbstverwirklichung unmöglich macht. Es ist aber der eigene konzessionslose Anspruch, entweder gegenüber dem Partner oder auf materielle und gesellschaftliche Vorteile, der das Verzichten schwer macht. Weil man beides ganz haben will, sowohl das Besitzen und Verfügenkönnen als auch die Unabhängigkeit und Freiheit, weil man den totalen Anspruch stellt, deshalb kann man sich für nichts entscheiden. Die Entscheidungsunfähigkeit kann zu einer Blockierung jeder Initiative führen. Man findet sich mit jeder Situation ab. Man lebt in einer scheinbar toleranten Kompromißbereitschaft (+1 −2).

Die Idol-Rolle des Grün-Typs (+2):
Der Imponierdrang

Selbstunsicherheit ist ein unerträglicher Zustand. Alles, was Sicherheit, Festigkeit, Beharrung und Dauer gewährleistet, ist vermeintlich geeignet, die eigene Unsicherheit aus dem Felde zu schlagen. Alles, was man in Besitz nehmen und sein eigen nennen kann, soll im wesentlichen einem selbst, zugleich aber auch allen Zuschauern bestätigen, daß man wenigstens das ist, was man hat. Darin liegt freilich der Irrtum, denn aus dem, was man hat, kann man sich nur fragwürdige Selbstbestätigung vorspiegeln, aber kein Selbstvertrauen schöpfen.

Die Selbstbestätigung – in stetem Gegensatz zum Selbstvertrauen – bedient sich aller Formen des festen Besitzes; am liebsten als materielle Festigkeit, vom dicken Bauch bis zum »dicken« Vermögen. Der Selbstbestätigung dient aber auch der Besitz einer Ideologie, die man sich »zu eigen« gemacht hat, um sich und anderen mit einer gängigen Idol-Rolle zu imponieren. Die Erfolgschancen hängen weniger von einer besonderen Fähigkeit ab als von der eigenen Cleverness, die auf dem Meinungs-

Selbstbestätigung

Ideologie

markt gefragte, zugkräftige Rolle für sich in
Anspruch zu nehmen und zu wissen, ob der
Trend politisch Engagierte, moralische Muk-
ker oder obszöne Literaten verlangt und ob
zur Zeit pathetische, romantische oder destruk-
tive Kunstblüten, ob Hippies oder Zivilisa-
tionslakaien besser ankommen. Ankommen ist
alles, Geltung um jeden Preis bis zur Selbst-

Imponiergehabe preisgabe. Jedes Imponiergehabe – als
Balztanz, als Modegag oder im Sportwagenka-
briolett – will einen nachhaltigen Eindruck machen. Wer aber weiter denkt, die lauernde Kon-
kurrenz, das Rivalisieren um hundertstel Se-
kunden und die kurzfristigen Chancen in Rech-
nung stellt, spielt seine Imponier-Rolle lieber
auf einem Betonsockel. Er strebt nach einer

Prestige- Prestige-Position, die eine dauerhafte Impo-
Position nierwirkung ausübt. Akademische Titel zum
Beispiel sichern eine lebenslängliche und Adels-
titel sogar eine über Generationen wirksame
Prestigewirkung. Das eigene Haus samt persönlicher Einrichtung kann neue Besucher jedesmal neu beeindrucken und ergibt dadurch
einen kontinuierlichen Prestigegewinn. Autos
und Krawatten hingegen können nur noch imponieren, wenn sie bis an die Grenze der
Brauchbarkeit ausgefallen originell sind.
Viel billiger ist es, mit Pflichterfüllung, Beschei-

denheit oder Moralismus sein Pfauenrad zu
schlagen. Als Vorsicht motivierte Vorurteile,
(»Ich warne vor Experimenten«), starre
Grundsätze, moralistische und politische Prin-
zipien, wissenschaftliche Modemeinungen, religiöse Dogmen, Konvention und Intoleranz,
das alles sind Imponier-Rollen. Sie wirken oft
als Arroganz. Hinter dieser Maske steckt
bekanntlich regelmäßig geistige Sturheit.
Rechthaber, Besserwisser, Pedanten, Moralisten und »eisern-konsequente« Zwangstypen
bevölkern das Heer der hilflosen Ich-Invaliden,
die ihr Machtbedürfnis (+2) unter dem gehei-   Machtbedürfnis
ligten Deckmantel der »Ordnung« verstecken.
Ebenfalls preisgünstig und gegen Verrottung
beinahe immun ist der Besitz von Sprichwort-
und Kalenderweisheiten. Mit diesen versucht
man am besten auf die bescheidene Weise zu
imponieren, indem man mit erhobenem Zeigefinger und den Worten »Ich würde meinen...«
seine »grundsätzlichen« und »warnenden«
Empfehlungen an den Mann bringt.
Obwohl der Dominierdrang (+2 −1) das Gro-   Dominierdrang
ße liebt, wie der General seine Armee, kann   +2 −1
er seine Befriedigung doch auch in der Dressur
eines Pudels, der Kinder oder Ehegattin suchen. Der Dominierdrang versucht nicht selten, die gehemmte, oft verschämte zärtliche Zu-

wendung mit einer autoritären Imponier-Rolle
(+2) zu überbrücken (»Ich kann nicht schlafen, wenn Du noch nicht zu Hause bist«).
Wem aber die kleinen Imponier-Rollen des autoritären Schulmeisterns nicht genügen, weil
sein Minderwertigkeitsgefühl stärker gedopt
werden muß, der greift nach einer höheren,
überindividuellen »Ordnung«. Er identifiziert

Prinzip   sich mit einem ideologischen Prinzip. Das
kümmerliche, individuelle Ich, diese häßliche
Raupe, verpuppt sich in einen »Ismus« und
entfaltet sich als prächtiger Schmetterling. Das
in irgendein ideologisches Prinzip gesteckte Ich
putzt sich mit der geistigen Uniform zu einem
übermächtigen Wir heraus: »Wir Akademi-
ker«, »Wir Fußgänger«, »Wir Jungen«, »Wir
Männer«. Statt schlicht zu sagen »Du gehst
nicht auf meine Wünsche ein«, kann eine Frau
nach dem übermächtigen Wir des Geschlechts-
unterschiedes greifen und dem Manne vorwer-
fen: »Du verstehst uns Frauen nicht«.
Der Grün-Typ (+2) ist nicht nur der gespann-
teste, beharrlichste, stabilste, sondern auch der
unbeeinflußbarste – und das macht es ihm besonders schwer, die einmal übernommene Rol-

Selbst-   le der Selbstbestätigung (+2 −4) wieder abzu-
bestätigung   legen und zur realitätsbezogenen Selbstver-
+2 −4   wirklichung zurückzufinden.

Die Defensiv-Rolle des Rot-Typs (−3): Die Angst vor Reizfülle und Überreizung

Als Ärger, wenn heftig als Zorn, wenn ziellos als Wut, wenn andauernd als Überdruß, bezeichnen wir Erregungen, die Unlust bereiten, weil sie unseren Absichten zuwiderlaufen. **Überdruß**

Götz von Berlichingen ist bei der Nachwelt durch zwei Körperteile berühmt geworden; der andere ist seine eiserne Faust. Wer »Götz« sagt oder mit der Faust auf den Tisch schlägt oder in der feinen Manier »also Schatz!« durch die Zähne zischt, dessen Erregung hat das Maß der Überreizung erreicht: dem »reicht's«, der »hat die Nase voll«, der findet's »zum Kotzen«. Alles, was zuviel ist und raus muß, wird gerne mit den Funktionen der beiden anderen Körperöffnungen in bildhaften Ausdrücken beschrieben. Derselbe Überreizungszustand wird vom Psychiater vornehm-abstrakt als »Überforderung der Erlebnisverarbeitung« **Überforderung** bezeichnet.

Wenn Bedürfnisse, die uns wesentlich sind, bedroht werden, entsteht Überreizung (−3). Die **Überreizung −3** Überreizung wird zum Ärger (−3 −2) (»Solch **Ärger −3 −2** eine Gemeinheit«), wenn die Benachteiligung

Trotz

Selbstverteidi-
gung +2 −3

Erschöpfungs-
depression
Erleichterungs-
drang +4 −3

gehemmte
Depression
+1 −3

»Neurasthenie«

als Entwertung des Selbstgefühls (−2) empfunden wird. Aus der Überreizung entsteht dann Trotz (»Das laß ich mir nicht bieten«), wenn man sich mit einem selbstherrlichen Geltungsanspruch (+2) gegen die Entwertung des Selbstgefühls verteidigt (Selbstverteidigung +2 −3). Wenn man einen Konflikt zu ignorieren versucht, kommt die Überreizung nicht zum Ausbruch, aber sie verursacht die psychisch bedingte Müdigkeit und kann bis zur Erschöpfungsdepression führen. Der Drang, dem Problem zu entfliehen, der Erleichterungsdrang (+4 −3), ist am banalisierenden Verhalten zu erkennen, zum Beispiel die Handbewegung des Wegschiebens, das Zurückschieben der Haare, über die Nase streichen, sich am Kopf kratzen, eintönige Melodiefetzen summen oder pfeifen. Die Überreizung (−3) führt zur gehemmten Depression (+1 −3), wenn die Befriedigung dringender Bedürfnisse endgültig verhindert erscheint, wenn man die eigene Ohnmacht erkennen muß und regressiv mit depressivem Schlafbedürfnis oder Alkohol zu betäuben (+1) versucht.
Die Vorstufe der Überreizung äußert sich als Unlust. Dieses Lebensgefühl wird als »reizbare Schwäche« oder »Neurasthenie« bezeichnet.

Die Idol-Rolle des Rot-Typs (+3):
Die Reiz-Sucht

Gut vegetieren wie die Mastgans und gut funktionieren wie ein Rekrut am Maschinengewehr
heißt noch nicht menschenwürdig leben, selbst
wenn man mit Sekt und Kaviar vegetiert oder
als Politiker im Parlament funktioniert. Wenn
die sinnenträchtigen oder subtilen Empfindungen nicht von einer vibrierenden Bewußtheit
ergriffen und in die Symphonie des Er-Lebens
eingeordnet werden, bleibt alles »Leben« ein
Vegetieren oder Funktionieren.
Wer wohlstandsgenährt und vollautomatisiert
das Freizeitland erreicht hat und mit Fremd-
sprachen, Kunstgeschichte und Grünwitwen-
kursen den leeren Geist möblieren will, stopft
sich mit Kulturtrödel voll, statt das, was Kunst
und Wissenschaft eigentlich sind, zu er-leben.
Wer trotz Schule und Berufsleben, trotz kon-
ventioneller Rücksichtnahme auf die anderen
vor allem Mensch sein will, ist bestrebt, mit
höchstmöglicher Intensität, also Bewußtheit,   Bewußtheit
möglichst viel Welt möglichst gründlich, also
realitätsgerecht zu erleben: Er sucht die Reize.
Diese Zuwendung zur Wirklichkeit wird aber
übertrieben und zur Idol-Rolle der Reiz-Sucht,

wenn damit eine Angst kompensiert werden
soll.
Drei Angstmotive erzeugen drei verschiedene
Äußerungsweisen der dranghaften Reiz-Sucht.
Die Angst vor der Leere und Langeweile (− 1)
führt zur Reiz-Sucht (+ 3) und äußert sich als
Stimulations- | Stimulationsdrang (+ 3 − 1). Weil die Leere
drang + 3 − 1 | der Gemütsbeziehung, die fehlende innere Zu-
wendung und der Mangel an gemüthafter Verbundenheit mit Reizen ausgefüllt werden müssen, werden besonders die intimen Beziehungen als Reizmittel benötigt. Die Intimität
kann sich entweder im psychologisierenden
Umsorgen der seelisch lahmenden Weggenos-
sen oder im schwerenöterischen Nahkampf in
Bar und Bett ausleben. Die ganze Lebensgestal-
tung von der erotisierenden Wohnungseinrichtung (nacktes Negerfigürchen aus dem Kauf-
haus) bis zur Berufswahl kann von diesem Motiv der schwülen »Nächstenliebe« durchzogen
sein.
Auch aus der Angst, vor anderen nicht zu gelten, kann ein Reiz-Hunger entstehen: Wer sich
selbst zwingt und unter Druck setzt, um sich
Geltung | Selbstbestätigung oder Geltung zu erzwingen,
wie zum Beispiel die publikumsgierigen Virtuo-
sen des Sport- oder Kunstgeschäfts, steht unter
dem Gefühl eines ständigen Zwanges.

Da Zwangstypen von selbst nicht aus ihrem Spannungszustand herauskommen, versuchen sie, die Lösung durch Reize herbeizuführen. Weil sie dazu stets neue Reize brauchen, stehen sie unter dem Zwang der Aktivität. Ihr Kainzeichen ist der forsche Unternehmungsdrang ($+3$ -2). Sie verbringen Leistungen im kleinen oder großen, zum Nutzen oder Schaden der Mitmenschen. Falls man nur die Körperkräfte dem Unternehmungsdrang zu verfüttern hat, holt man sich den Nächstbesten zur Schlägerei oder wird zum olympischen Leistungssportler, wenn man sogar andere Nationen in die Knie zwingen will.

Die dritte Angst, die auch mit Reizen kompensiert wird, ist die Angst vor der Verlorenheit, vor der inneren Beziehungslosigkeit und Isoliertheit (-4). Wer sich — wie oft Jugendliche — als einsames Sandkorn am weiten Strand des Lebens fühlt, konfrontiert sich mit seiner Bedeutungslosigkeit im Weltgeschehen. Die hoffnungslose Verlorenheit und Isoliertheit kann eine panische Angst erzeugen und deshalb zur Sucht nach stimulierenden Reizen treiben: Wer im dunklen Wald Angst hat, singt aus vollem Hals. Wenn das Verlorenheitsgefühl in den vier Wänden aufkommt, liefert die Stereoanlage die benötigte Reizüberflutung.

Zwangstypen

Unternehmungsdrang
$+3 -2$

Isoliertheit -4

Aus der Angst vor Isoliertheit ensteht ein vor-
behaltloses Engagement an ein Thema, an ein
Interesse. Man ist »wahnsinnig« interessiert;
aktuell ganz besessen; man engagiert sich mit
Leib und Seele und entzündet und berauscht
sich am Feuer seiner Begeisterung (»Wir haben
irrsinnig gelacht«). Man füllt die ängstigende
Weite und beziehungslose innere Einsamkeit
mit stimulierenden Reizen (+3). Diese Besessenheit, der »Faszinationsdrang« (+3 −4) ist

»Faszinations-
.lrang« +3 −4

der Versuch, sich vor der Beziehungslosigkeit
und Verlorenheit zu retten.
Wenn der Faszinationsdrang (+3 −4) die Ju-
gendzeit überdauert, hält die Reiz-Sucht nach
üppiger Kost Ausschau. Diese findet sich auf
dem Tisch derer, die nicht bloß vegetieren und
funktionieren möchten, sondern im kultivier-
ten Konsumieren, in der Lebensfreude ihre Sinn-
erfüllung sehen. Deren drei Tugenden heißen:
»Genuß«, »Reichtum« und »Unabhängigkeit«. Wenn jedoch der geistige Kleinbürger
aus angstbedingter Reiz-Sucht diese Tugenden
imitiert, heißen sie in seinem Emanzipations-
jargon: »Sex«, »Geld« und »Opposition« beziehungsweise »Anarchie«. Ihr «Genießen«
bleibt ein lustloses Funktionieren. Zu Recht
nennen sich diese zu klein geratenen Lebe-
Männer »Play-Boys«.

Die Defensiv-Rolle des Gelb-Typs (−4): Die Angst vor Weite und Verlust

Die häufigste Angst, die vor Verlust, ist das Thema mit zahllosen Variationen des Gelb-Typs: die Angst zu verlieren, was einem Sicherheit oder Ansehen, insbesondere was einem »Selbstsicherheit«, genauer Selbstbestätigung, vermittelt.

Die Umwelt ist ein weites Beziehungsfeld, das durch seine ständige Veränderung auch die eigene Position immerfort mitverändert. Wer sich nicht auf die stets neuen Situationen einstellt, sich nicht entfaltet und sich nicht realitätsgemäß verändert, wer sich also nicht ständig selbst verwirklicht, muß die stete Veränderung der Wirklichkeit fürchten. Ihm macht die Weite der vielen Möglichkeiten und oft auch die Weite des Raumes Angst (Agoraphobie). Er fühlt sich verloren.

Die stete Veränderung der Wirklichkeit – Veränderungen durch familiäre und berufliche Entwicklungen, das eigene Älterwerden und neue wirtschaftliche Verhältnisse – darf nicht mit der Defensiv-Rolle eines sturen Selbstbewußtseins (+2) einfach ignoriert werden. Die

Veränderung

Agoraphobie

Hoffnung

stete Veränderung muß mit einer steten Neu-orientierung und Projektierung beantwortet werden. Hoffnung heißt der traditionelle Name für die Bejahung der Veränderung. Wenn die Hoffnung ($+4$) einer realitätsangemessenen Überzeugung entspringt (»Ich hoffe, es wird gelingen«), besitzt sie die willensähnliche Kraft des Glaubens, der »Berge versetzt«.

Diese wirklichkeitsbezogene Hoffnung steht im Gegensatz zum illusionären Trost, der »Glaubens-Hoffnung«. Illusion heißt die mit-leidlose Diagnose für all die Hoffnungen, die das Glück außerhalb der Gegenwart, in einem Jenseits oder einem Später suchen. Wer mit Lebensbrunst und Vernunft das Glück in ei-nem bodenständigen Paradies findet, überläßt den Himmel den Engeln und den Spatzen.

Wer hingegen die Realität zu einem Jammertal mit einem Fata-Morgana-Paradies umdeutet und sich seinen heilen Himmel mit altmodi-schen Heiligen oder neumodischen Idolen aus-tapeziert, oder wer sich in der lebendigen Wirk-lichkeit wie in einem Clubsessel niederlassen oder wie in einem einbruchsicheren Kassen-schrank einschließen möchte, versucht, sich durch Illusionen über die Wirklichkeit hinweg-zutäuschen. Er wird entweder portionenweise oder schlagartig enttäuscht und fühlt sich vom

Leben betrogen. Er hat Angst vor dieser ihm
so unberechenbar und trügerisch erscheinen-
den Realität. Er fühlt sich von ihr bedroht.
Diese weitverbreitete Angst ist als »Sicher-   »Sicher-
heitsbedürfnis« gesellschafts- und marktfähig   heitsbedürfnis«
geworden.
Die vom »Leben enttäuschten« Zwergmärty-
rer bleiben am Leim der Sicherheit kleben. Die
konservative Gesellschaft verspricht ihnen ein
sicheres Vegetieren und Funktionieren, solange sie auf dem freudlosen Linoleum der konventionellen Tugenden herumkriechen. Je nach
dem frommen oder weltlichen Jargon heißen
ihre moralischen Krückstöcke entweder
»Keuschheit«, »Armut« und »Gehorsam«
oder eben »Anständigkeit«, »Altruismus« und
»fleißige Pflichterfüllung«. Wer diesen drei
Tugenden bis zum Lebensende nacheifert, den
belohnt die Gesellschaft mit den größten To-
desanzeigen. Wer sich chronisch selbst verleug-
net, darf sich auf seinen Nachruf freuen.
Das Gefühl der Verlorenheit ist manchen in   Verlorenheit
seiner harmlosen Vorstufe als Distanz zwi-
schen sich und den Mitmenschen bekannt. Das
Gefühl der Beziehungslosigkeit steigt wie küh-
ler Herbstnebel zwischen die Anwesenden, bis
sie schemenhaft in einem immer dichter wer-
denden Schleier verschwinden. Ihre Worte

dringen wie durch einen Wattefilter gedämpft an unser Ohr. Der Beziehungsverlust und die innere Distanz erwecken auch den Eindruck, man schaue als außenstehender Beobachter einem Geschehen zu, das sich wie auf einer Theaterbühne abspielt.

Das Distanzgefühl kann sich aber auch zu einer genzenlosen Weite, zur Beziehungslosigkeit und einem unendlichen Raum ausdehnen, in dem es nirgends Halt und Geborgenheit gibt. Man fühlt sich hilflos wie eine einsame Seele im Weltall. Das Verlorenheitsgefühl gegenüber den Mitmenschen wird als Verlust an Geltung empfunden. Diese Angst vor Geltungsverlust (– 4) und der Imponierdrang (+ 2) verschmelzen zu einer dauerhaften Legierung. Der Sicherheitsdrang (+ 2 – 4) heißt dann »Selbstbestätigung« und eignet sich vorzüglich als stabiles Persönlichkeitskorsett.

Geltungsverlust
Sicherheits-
drang +2 – 4

Der Selbstbestätigungsdrang (+ 2 – 4), dieser Tanz ums Goldene Kalb, braucht Publikum – meist nur ein imaginäres. Darum wächst er sich oft zum Geltungsdrang aus.

Die andauernde Gespanntheit, die der Sicherheits-, Geltungs- und Selbstbestätigungsdrang (+ 2 – 4) erzeugt, führt oft zu psychosomatischen Spasmen der glatten Muskulatur, zum Beispiel zu Störungen des Magen-Galle-Darm-

Spasmen

Traktes oder zu Migräne. Anderseits führt die ständige innere Spannung, die durch den Selbstbestätigungsdrang ($+2\ -4$) entsteht, bald zu einem Überreizungs- und Erregungszustand ($+3$). Die gereizte Besessenheit ($+3\ -4$) greift wie Feuer leicht auf den Selbstbestätigungsdrang ($+2\ -4$) über. Das menschlich Böse, die Aggression ($+3\ +2\ -4$) hat sich entzündet (»Dem werd ich's zeigen«).

Besessenheit
$+3\ -4$

Aggression
$+3\ +2\ -4$

Nach psychologisch differenzierter Terminologie ist der Angriff, um vitale Notwendigkeiten oder um objektive Bedrohung (eine Furchtsituation) zu bewältigen, keine Aggression. Jede Aggression ist in der angstbedingten Selbstbestätigung motiviert. Aggression setzt in jedem Fall den »neurotischen« Selbstbestätigungsdrang, also eine Kompensation von Angst, voraus. Eine Aktion aus vitaler Notwendigkeit, wie die Beutejagd eines Tieres, kann daher nicht mit Aggression gleichgesetzt werden.

Wenn aber der Teufel los ist, wenn die Angst vor der eigenen Verlorenheit durch den Verlust des Partners (-4) mit der Angst vor der entstehenden Leere und Entbehrung (-1) zusammentrifft, so steigern sich beide zur Angst vor Verlassenheit ($-4\ -1$). Gegen diese unglückliche Bindung setzt sich aber meist der

Verlassenheit
$-4\ -1$

Eifersucht
+2 −4 −1

aggressive
Eifersucht
+2 +3 −4 −1

Stolz, der Selbstbestätigungsdrang (+2 −4) zur Wehr. Aus der Angst vor Verlassenheit und dem verletzten Stolz entsteht die Eifersucht (+2 −4 −1). Dieser stark belastende Spannungszustand führt rasch durch Überreizung zur Erregtheit (+3). Das Gewitter zieht sich zusammen, die aggressive Eifersucht bricht los (+2 +3 −4 −1), bei der keine Tasse und keine echte Partnerschaft heil bleiben kann. Die Angst vor der Verlorenheit, vor Beziehungsverlust und Isoliertheit (−4) kann – wie die Statistik bestätigt – Alkoholismus und Drogensucht auslösen. Viele Erwachsene nuckeln gewohnheitsmäßig an irgendeiner Alkoholzitze oder Rauchwarze und saugen Befriedigung aus der Zigarre, Pfeife oder Zigarette. Sie klammern sich an ihre »lieben Gewohnheiten« (+1) wie ein Kind an Mutters Schürze. Mit der vielgepriesenen Geborgenheit, die für den selbstunsicheren Säugling lebenswichtig ist, weiß der selbstsichere Erwachsene nichts anzufangen. Das Bedürfnis, in der Geborgenheit wie in einer Kinderwiege geschaukelt zu werden oder sich hinter einem Erwachsenenschnuller zu verbergen, entsteht aus der so häufigen Angst vor Unsicherheit und Verlorenheit (−4) in Verbindung mit dem Drang nach Befriedigung (+1). Der sentimentale Anklamme-rungsdrang (+ 1 − 4), das infantile »Bedürfnis nach Geborgenheit« behindern jede sinnvolle Partnerschaft, da die echte erwachsene Beziehung die innere Selbständigkeit, also Selbstsicherheit (= 2) voraussetzt.

Anklamme-rungsdrang
+1 −4

Die Idol-Rolle des Gelb-Typs (+ 4):
Der Freiheitsdrang

Es gibt Menschen, die sich jedes Weekend den Kopf zerbrechen, mit welcher Zielsetzung sie den Kilometerdrang befriedigen sollen. Es gibt eine große Anzahl von Menschen, die im Durchschnitt Jahr für Jahr die Arbeitszeit von zwei Monaten dafür aufwenden, nach etwas zu suchen, das ihnen unbekannt ist. Diese Reise geht nicht in die räumliche Ferne, sondern führt in die imaginäre Welt der Rotationsliteratur. Hier wie dort lockt nicht das Ziel, sondern der Drang nach dem unbekannten anderen, der Veränderungsdrang, die Gier nach Neuem, die Neugier.

Neugier

Das Mühlrad läuft und läuft, selbst wenn kein Korn vorhanden ist. Die Getriebenheit solcher

Veränderungs-
drang

Menschen äußert sich als Veränderungsdrang in zahllosen Abwandlungen, vom Wandertrieb bis zum Vagabundieren, vom Seitensprung bis zur Völkerwanderung, von der Ummöblierung zu Hause bis zur »Revolution« der Welt. Für Kinder unserer fortschrittsgläubigen Zeit glitzern die Begriffe das »Neue«, das »Moderne« wie Kugeln am Weihnachtsbaum. Auf dessen Spitze leuchtet als Stern von Bethlehem

Zukunft

das Zauberwort: Zukunft. Von der Zukunft und Zukunftsforschung wird die Problemlösung und Erlösung, das Paradies auf Erden erwartet. Der Drang nach Veränderung und die zukunftsgläubige Neu-Gier sind eine Flucht vor der Gegenwart und Wirklichkeit, weil sie als leer, langweilig und unbefriedigend empfunden werden (-1). Der Drang, sich aus einer lähmenden, deprimierenden Abhängigkeit zu befreien, sich vor dem Sog in die Depression zu retten, erzeugt eine innere Unruhe und Getriebenheit. Sie ist der weitaus häufigste Grund

Freiheitsdrang
Lostrennung
$+4 \ -1$

für den Freiheitsdrang ($+4$). Beide zusammen bilden den Drang zur Lostrennung ($+4 \ -1$). Der Drang, sich loszutrennen, ist – wie die Statistik bestätigt – die allerhäufigste Persönlichkeitsstruktur. Die Lostrennungshaltung bleibt oft ein Arrangement, das bis zur »Eisernen Hochzeit« dauert. Obgleich die Depression

dabei verdrängt wird und unbewußt bleibt
(»larvierte Depression«), erleidet der Körper
den wirklichen Zustand uneingeschränkt und
meldet sich mit psychosomatischen Beschwerden. Falls der Drang zur Lostrennung (+4 −1)
zur akuten Erkrankung führt, erscheint sie
unter dem klinischen Bild der »agitierten psy-
chogenen Depression«.

Depression

Der Drang nach Freiheit (+4) und der unbän-
dige Wunsch, sich von den Fesseln des Zwanges und der Enge (−2) zu befreien, verbinden
sich zum Unabhängigkeitsdrang (+4 −2). Wer
sich im Elternhaus oder von einem autoritären
Partner oder durch seine äußere Lebenssituation eingeengt fühlt, insbesondere aber auch,
wer sich selbst unter Druck setzt, weil er sich
mit seinem unbedingten (eifersüchtigen oder
perfektionistischen) Anspruch Geltung erzwingen will, hat den Drang, aus seiner Zwangsitua-
tion auszubrechen. Er hat ein starkes Bedürfnis, unabhängig zu sein. Dem selbstgeschaffe-
nen Anspruchskäfig oder der belastenden Bindung, den zermürbenden Verpflichtungen, dem
beengenden Zwang möchte er entfliehen. Weit
weg zu reisen, am liebsten wegzufliegen, neue
Kontakte, interessante Beziehungen zu finden,
das sind die lebhaften Erwartungen des Unabhängigkeitsdranges. Wer in seinem zwang-

Unabhängig-
keitsdrang
+4 −2

haften Geltungsdrang befangen ist $(+2 \ -4)$, benötigt Befreiung. Er macht sich zum Helden des Unabhängigkeitsdranges $(+4 \ -2)$. Mit

» Emanzipation «   dem Schlachtruf » Emanzipation « erklärt er sich selbst zum revolutionären Teufelskerl, seinen Wind zum Donnerschlag und die älteren Daumendreher, die er aus ihrem Rhythmus aufschreckt, zum Publikum, das er befreien muß. Die Gegenspieler des Unabhängigkeitsdranges » Sicherheit und Repräsentation « $(+2 \ -4)$ sind die Sand- und Goldsäcke, mit denen sich die konservative, ältere Generation ihr Schwergewicht verschafft.

Überreizung   Die Überreizung (-3) kann als Ärger rasch dazu führen, daß man » in die Luft geht «, daß einem » der Kragen platzt « und man sich Luft verschaffen « und sich von dem Verdruß befrei-

Erleichterungs-   en $(+4)$ muß. Der Drang, sich aus dem Über-
drang $+4 \ -3$ reizungszustand zu befreien, heißt Erleichterungsdrang $(+4 \ -3)$. Ihm gilt das alltägliche Stoßgebet: das befreiende Fluchen.

Signale der Kleidung

»Kleider machen Leute«, will sagen: wie das Kleid, so die Persönlichkeit. So eng, wie die Kleider auf der Haut liegen, so dicht grenzen auch Schein und Sein aneinander: Allein die unrechtmäßig getragene Offiziersuniform machte aus einem armen Tropf den berühmten Hauptmann von Köpenick. Wie sehr in umgekehrter Weise auch das Sein den äußeren Schein bewirkt, erzählt Andersens Märchen von »Des Kaisers neuen Kleidern«. Weil auch ein ausgezogener Kaiser nicht nackt sein darf, bildet sich sein Volk ein, daß die ausgepellte Hoheit in wunderbare Gewänder gekleidet sei. Es gibt Kleider, die den Zweck haben, vor Kälte und Zugluft zu schützen, wie die warmen Unterhosen. Es gibt Kleider, die den Zweck haben, zu verbergen: Unter dem kecken Hut mag ein kahler Schädel stecken. Es gibt aber auch Kleider, die den Zweck haben, zu zeigen, was sie verbergen. Die älteste Mode, die das Zeigen durch Verbergen populär machte und auch den Reiz der eng anliegenden Beinbekleidung auszunützen verstand, ist die des kirchlich zugeschnittenen Feigenblattes. Heutzutage ist der um eine Handbreit prüdere Minirock modern.

Ob Feigenblatt, ob Krinoline, ob kurz oder lang, was auch immer als modische Kleidung

»Kleider machen Leute«

getragen wird, ist pure Konvention und geht nicht aufs Konto der Persönlichkeit. Ob Männer glattrasiert sind oder ob sie aus einem Dutzendgesicht einen Persönlichkeitsbart wachsen lassen, ob sie kurze oder lange, schmale oder breite Hosenbeine tragen, ist in der Regel kein Persönlichkeitsmerkmal. Nicht die Mode, mag sie noch so ungewöhnlich, auffallend oder schockierend sein, gibt Aufschluß über den Stil-Richtung Menschen, sondern die Stil-Richtung und das Stil-Niveau Stil-Niveau seiner Kleidung.

Am Kleidungs-Stil erkennen wir den Bürochef, den Handwerker, den Direktor, die Putzfrau, die Schauspielerin oder den Linksintellektuellen. Halb unbewußt wählen die Menschen unter den vorhandenen Stilrichtungen die Kleidung aus, die der beabsichtigten Rolle am besten entspricht.

Die Kleidung ist in diesen Fällen immer eine Ver-Kleidung. Die textile Verpackung soll ein beabsichtigtes Rollen-Image präsentieren. Die Textilhülle soll den Nettoinhalt aufwerten. Es gibt rücksichtslose Geschäftsleute, die man sich, ihrem profithungrigen Benehmen nach, als unrasierte Barfüßer mit vorgebundener Büffelhaut vorstellen könnte. Sie sehen aber nicht wie Guerillakämpfer oder Großwildjäger aus, sondern legen wie Hoteliers auf eine unauffällige, gepflegte Kleidung besonderen Wert.

Stellen wir unser funktionspsychologisches Visier auf die textile Umwelt ein, so werden die Hüllen durchsichtig: Konstante Persönlichkeitsmerkmale werden sichtbar.

Die Kleidung als Idol-Rolle und als Defensiv-Rolle

Manche Menschen wählen sich bewußt Kleider aus, die einem Leitbild entsprechen, die meisten aber unbewußt. Leitbild kann eine bestimmte Persönlichkeit sein: eine Freundin, ein verehrter Lehrer, eine politische Idolfigur oder eine gesellschaftliche Gruppe. Die Idol-Rolle verlangt beim einen, daß er seriös-konventionell angezogen ist, wie eine Schaufensterpuppe, und seine Defensiv-Rolle verbietet ihm, selbst im Hochsommer die Jacke auszuziehen, auch auf die Gefahr hin, daß ein Hitzschlag ihn zur bestangezogenen Leiche macht. Die Idol-Rolle des Revolutionärs verlangt, daß der offene Hemdkragen den Blick auf die Heldenbrust

Leitbild

Extravaganz

freigibt, und seine Defensiv-Rolle verbietet ihm, selbst bei sibirischer Kälte eine »bürgerliche« Krawatte umzubinden. Die Mondäne glaubt, sie müsse die Mode zur Extravaganz überspitzen, und den miesepetrigen Moralisten macht es glücklich, fad und bieder wie ein Staublappen auszusehen. Die klassische Strenge, die dem seriösen Herrn Papa wohlansteht, riecht dem flotten Töchterchen muffig. Daß Pflichterfüllung und moralische Engbrüstigkeit einen jungen Busen nicht befriedigen können, will das selbständig gewordene Fräulein durch die provozierende Kürze oder Länge des Rockes oder durch sonst ein aufreizendes Kleidungsmerkmal zum Ausdruck bringen. Extravaganz braucht aber nicht unbedingt durch Sex-Entblößung herauszufordern, man kann zum Beispiel mit einem extravaganten Hut auch arrogant damenhaft wirken. Immer aber geht es der Extravaganz um den gesteigerten Geltungsanspruch. Er entspringt dem Gefühl, man habe die benötigte Selbstbestätigung und gewünschte Anerkennung nicht gefunden. Das trifft besonders bei Menschen zu, die anstelle der Selbstverwirklichung den Applaus suchen.

Wer Kleider nur danach auswählt, ob das Gewebe reißfest und die Farbe unempfindlich ge-

gen Schmutz ist, der mag sich mit seiner fossi-
len Seele nützlich fühlen, wie ein Bauer beim
Misten, aber zur Freude an ästhetischer
Eleganz fehlen ihm alle Voraussetzungen. Damit ist aber nicht die Feld-, Wald- und Theater-
»Eleganz« gemeint, die man sich zulegt, wenn
man sich in einem Geschäft als Bewerber vor-
stellt oder bei der guten Gesellschaft einen guten Eindruck machen will. Eleganz ist aus-
drücklich nicht die »kleidsame«, »gepflegte«,
»feine« Allüre, die stets eine Idol-Rolle imitiert.

Die ästhetische Eleganz erfordert vielmehr   Eleganz
zweierlei: Jedes einzelne Kleidungsstück soll
nach Farbe, Form und Muster bewußt ausgele-
sen und auf jedes andere abgestimmt sein. Wer
aber diese Bedingung erfüllt und sich wie ein
Geschäftsmann oder Oberkellner gepflegt anzieht, ist noch nicht elegant. Eleganz verlangt
noch eine zweite, für die meisten unerreichbare
Fähigkeit: zur ausgewogenen Ganzheit muß
noch das aus Freude gewagte und ausgelesene
Besondere, der »Pfiff«, das Individuelle, das
persönlich gestaltete Originale kommen. Dieses Besondere entspringt der Freude am Schönen und der aus Freude souverän beherrschten
Fähigkeit, Formen, Farben und Muster
miteinander zu kombinieren und eigene Har-

monien zu wagen. Nur wer sich aus Freude kleidet, kann daher ästhetisch elegant sein. Wer sich nur fragt, wie muß ich angezogen sein, um zu gefallen, um gepflegt, elegant oder modisch zu wirken, der funktioniert als Sklave seiner Idol-Rolle. Seine Freude am Augenblick ist nichts als die eitle Selbstbestätigung in der Idol-Rolle. Die Euphorie der Selbstbestätigung brennt schneller ab, als die Mode wechselt.

Freudlos ist nicht nur die Gleichgültigkeit, sondern auch die defensive Befürchtung, kritisiert zu werden, wenn man nicht mit der neuesten Mode geht. Nicht aus echter Freude, sondern **Konformist** aus Angst befleißigt sich der Konformist auf der Modeschaukel kurz–lang, lang–kurz mitzuhampeln. Er befürchtet, unmodern, unvorteilhaft auszusehen. Die Defensiv-Rolle entscheidet, was »man« anziehen muß und was »man« nicht tragen darf. Nur aus Angst vor Kritik ziehen viele Manager ihre porentief weißen Hemden und schneidergebügelten Anzüge an; nicht weil sie daran wirklich Freude haben oder sich darin wohl fühlen, sondern um nicht ungepflegt zu erscheinen. Sie stehen mit ihrer Idol-Rollen-Uniform ebenso abseits von der freudvollen, ästhetischen Eleganz wie die defensive Schlampigkeit oder Gleichgültigkeit.

Es ist eindrucksvoll zu beobachten, daß die

meisten Menschen bei jeder Art von Beklei-
dung dasselbe Anspruchsniveau einhalten. Ästhetisch elegant angezogene Menschen tragen
auch eine Freizeitbekleidung, die demselben
hohen Niveau entspricht. Wer schlampig im
Büro erscheint, der flickt auch das Ballkleid
mit einer Sicherheitsnadel.

Gibt man sich einmal Rechenschaft, welcher
Niveau-Stufe bestimmte Menschen zuzuord-
nen sind, so wird man mit Erstaunen feststel-
len, wie eindeutig die meisten eingeordnet werden können.

Die vier Niveau-Stufen sind:

Niveau-Stufen
der Eleganz

1. Eleganz: aus Freude individuell und souverän zusammengestellte Kleidung,
2. Gepflegtheit: konventionelle Rollen-Imita-
tion oder salopp gewählte Kleidung,
3. Gleichgültigkeit: unharmonische, aber sau-
bere Kleidung,
4. Ungepflegtheit: unharmonische und unsau-
bere Kleidung.

Die Stilrichtung der Kleidung

Schon durch die Kleidung unterscheidet sich
der kaufmännische Angestellte vom Intellektuellen, der Grafiker vom Elektriker, die Hausfrau von der Putzfrau, die Friseuse von der
Lehrerin, weil sowohl das Anspruchsniveau
Funktion   (Funktion) ihrer Kleidung als auch deren Stil-
Struktur   richtung (Struktur) verschiedenartig sind. Die
gutangezogene Schauspielerin trägt andersartige Kleider als die gutangezogene Fürsorgerin,
der gepflegte Architekt andere als der gutge-
kleidete Bankdirektor.
Stilrichtung Vier Stilrichtungen (Strukturen) stehen sich
polar gegenüber:
traditionell und originell,
klassisch und neumodisch.

Die traditionelle Kleidung des Blau-Typs (+1)

Trachten und Uniformen sind traditionsge-
Uniformität bundene Kleidungsstile. Die Uniformität der

Kleidung wird immer dann angestrebt, wenn
sie eine Zusammengehörigkeit, die Idee einer
Gemeinschaft zum Ausdruck bringen soll.
Wer sich freiwillig eine traditionelle Uniform
überzieht – ob Dirndlkleid, Heilsarmeeuni-
form, Nonnengewänder, rotstrumpfige Wan-
derbekleidung,   Musikkorps-Kostüm   oder
Herrenreiterornat – dokumentiert, daß er eine
»höhere« Idee, ein Ideal verkörpert. Die höhere Idee kann natürlich sehr verschiedenartig
sein. Beim Dirndlkleid mag sie heißen: Ich bin
ein frommes Mägdelein; darum, wer mich ver-
führt, den will ich ganz. Ideell verpackt heißt
dieser Anspruch »Treue«, die man bekanntlich
immer schon durch Blau symbolisiert hat.
Wer in der Uniform der Freikörperkultur auf-
tritt, kämpft fürs nackte Dasein. Seine höhere
Idee besagt, daß die Natur natürlich nackt und
deshalb die Nacktheit natürlich Natur sei. Ob
Dirndlrock, ob Professorentalar, die traditionelle Kleidung offenbart die Idee der Einheit,   Einheit
der Harmonie, der natürlichen Einfachheit,
der Zusammengehörigkeit, Kontinuität und
Treue.

Die originelle Kleidung
des Rot-Typs (+3)

Der im ästhetischen Bereich gestalterisch pro-
duktive Rot-Typ ist unternehmend, begeiste-
rungsfähig und erlebnisfreudig. Ästhetisch originell ist zum Beispiel eine Frau, die sich aus
Fensterledern ein Strandkostüm näht, oder ein
Mann, der sich seinen idealen Hemdkragen
nach eigenen Vorstellungen schneidern läßt.
Wer nach einem erworbenen Schnittbogen
näht, darf sich fleißig und vielleicht sparsam
rühmen. Originell hingegen ist, wer eine eigene
Idee gestaltet. Er imitiert kein Modell. Ob er
den Entwurf selbst ausführt, ist unwesentlich.

Originalität   Originalität äußert sich auch in der Auswahl
und Zusammenstellung der Kleidungsstücke.
Wer das Niveau der ästhetischen Eleganz beherrscht, ist unbedingt originell. Aber nicht jede originelle Gestaltung, zum Beispiel ein fe-
derngeschmücktes Brotkörbchen als Hut auf-
gesetzt, muß ästhetisch elegant sein. Jener
Junggeselle, der die Löcher in den Fersen durch
ein zweites Paar Socken mit Löchern an den
Zehen überzog, war zeitlebens originell, ist
aber nie ein Ästhet geworden. Die echte Originalität verrät eine geistig-psychische Haltung,

die sich durch Begeisterungsfreude, Aufgeschlossenheit und erotische Erlebnisintensität
auszeichnet.

Die klassische Kleidung
des Grün-Typs (+2)

Klassisch ist die nach den strengen Regeln der
konservativen Form- und Farbgewohnheit ge-
schneiderte Kleidung. Wer sich dem klassischen Ideal verschreibt, hält die geltenden Anzugsregeln ein. Ihm darf die Schande, »under-
dressed« zu sein, nicht widerfahren. Erzkon-
servativ ist der englische Börsenmakler mit
Schirm und Melone. Als klassisch wird aber
jedes Kleidungsstück bezeichnet, das im Gegensatz zu den Moderichtungen den gewohnten Stil beibehält. In diesem Sinne kann eine
Männerhose ebenso klassisch geschneidert
sein, wie der schwarze Smoking oder das
schlichte dunkle Cocktailkleid.
Die Farben sind in der Regel gedeckt, nicht
bunt, der Schnitt meist einfach. Wer klassisch
wirken möchte, muß durch diskrete Kleidung
auffallen.

Anzugsregeln

Geltungs-
anspruch

Klassisch zieht sich an, wer sein Ansehen zementieren und eine Prestige-Position beanspruchen will. Der klassische Kleidungsstil verrät einen stillen, aber konsequenten Geltungsanspruch. Diese Menschen verlangen Achtung oder gar Respekt. Auf alle Fälle erwarten sie als besondere Persönlichkeit gewürdigt zu werden. Sie bilden sich ein, ihr Name sei auf der Liste für Neujahrswünsche und Geburtstagsgratulationen rot unterstrichen.

Die modische Kleidung des Gelb-Typs (+ 4)

Mode

Veränderungsdrang

Die neue Mode ändert Farbe, Muster und Schnitt. Sie lebt von der Wandlung. Als Mode ist sie natürlich auch eine Konvention: die neue Konvention. Sie opponiert gegen die konservative Konvention und propagiert eine andersartige Konvention: die neue Mode. Sie lebt vom Reiz des Neuen, vom Veränderungsdrang. Wer die neue Mode aufgreift, ist nicht originell, sondern veränderungsfreudig.
Wem es jedoch darum geht, anders als die an-

deren zu sein, wer die Absicht hat, den Widerspruch gegenüber dem Gewohnten, Anerkann-
ten zu provozieren, der ist auch nicht originell,   provozieren
aber man muß ihm zugestehen, daß er es gerne
sein möchte. Diese Möchtegerne sind zwar
nicht extra originell, dafür aber extravagant.
In der Extravaganz äußert sich der übersteigerte Geltungsdrang eines Menschen, der sich insgeheim verkannt fühlt.

Neben den vier Idol-Rollen:
Tradition und Originalität,
Klassik und Mode
stehen vier Defensiv-Rollen:
Uniformität und Abwechslung,
Konservativität und Extravaganz.
Die Idol- und Defensiv-Rolle können in derselben Stilrichtung, also in derselben Kleidungs-
art zum Ausdruck kommen. Unterschiedlich
ist aber das Motiv: Entweder erlebt man in   Motiv
einer Stilrichtung das stärkste Gefühl der
Selbstbestätigung: »Chic sehe ich jetzt aus«,
oder man ist rein defensiv in einem Kleidungsstil festgelegt, weil man die Kritik fürchtet:
»Als Geschäftsmann kann ich es mir nicht leisten, mich anzuziehen, wie es mir paßt.«
Wir unterscheiden vier als Defensiv-Rolle bevorzugte Stilrichtungen:

Die Uniformität der Kleidung
des Rot-Defensiv-Typs (— 3)

Originalität

Originalität setzt sowohl Einfallsreichtum als auch Echtheit voraus. Das erste verlangt geistige Mühe, das zweite menschliche Reife. Wem dieser Aufwand zu groß ist, wem die seelischen Anforderungen zu tief und die geistigen zu hoch sind, der läßt sich im Gleitflug der Konvention treiben. Sein schlaffes Herz schlägt für die Konformität und Uniformität. Der Kleidungsstil der konventionellen Uniformität sieht aus wie ein Stück Packpapier, das jahrein, jahraus zum Einwickeln des Frühstücksbrotes verwendet wird. Die Krawatte, Kind des Zufalls, wird im Hemdkragen gelassen und abends auf- und morgens zugezogen, bis sie sich einmal, alt und fett, in der Metastase auflöst.

Uniformität

Die Abwechslung in der Kleidung
des Blau-Defensiv-Typs (− 1)

Wem Tradition und Kontinuität zuwider sind,
wem Regelmäßigkeit und Wiederholung zuwi-
der sind, der hat den Drang nach Abwechslung.   Abwechslung
Der Widerwille gegen jede Wiederholung,
zweimal dasselbe Kleid in derselben Gesellschaft zu tragen oder jemanden zu begegnen,
der etwas gleiches trägt, diese Angst vor der
Kontinuität wurzelt in der Angst vor Erlebnis-
und Reizleere (− 1) und verrät Unruhe und
mangelnde Bereitschaft zur Entspannung und
gemüthaften Hingabe. Der Drang zur Abwechslung ist an der Länge des Kleiderschran-
kes und an der Anzahl der Reisekoffer meßbar.
Wer mit ständigem Kostümwechsel sein Publikum in Atem hält, wer wie ein Chamäleon sein
Aussehen ändert, glaubt durch seine Vielgestal-
tigkeit den Eindruck einer interessanten, origi-
nellen Persönlichkeit zu erwecken. Der Zuschauer ist zwar, ähnlich wie beim Kaleido-
skop, über den Reichtum an Wandlungen erstaunt, aber daß hinter dem bunten Bild-Wech-
sel eine echte, geformte Persönlichkeit steht,
erwartet kaum jemand.

Die Konservativität der Kleidung des Gelb-Defensiv-Typs (−4)

Während die neue Mode ihren besonderen Sinn in der Änderung, im Wechsel hat und neben der erotischen Anregung besonders auch den wirtschaftlichen Konsum stimuliert, ver-

konservative
Haltung

wahrt sich die konservative Haltung gegen Erotik und »Geldverschwendung«. Gerade darum wählt der Geschäftsmann den konservativen Kleidungsstil, um zu zeigen, wie nüchtern und (be-)rechnend er ist. Hinter der konservativen

Korrektheit
Ordnung

Korrektheit steckt der Wille, Regelmäßigkeit und Ordnung, also Sicherheit zu schaffen und zu wahren. Oft soll die äußere Ordnung zur inneren Ordnung erziehen. Der Rekrut lernt, daß er ein schlechter Soldat sei, wenn er vergißt, am Waffenrock alle Knöpfe zu schließen. Sind alle Knöpfe zu, so kämpft er ordentlich und stirbt ordentlich für eine ordentliche, zugeknöpfte Überzeugung.

Den konservativen Kleidungsstil wählen Menschen, die ihre Ordnung gegen die unbequeme Wirklichkeit durchzusetzen versuchen, damit sie in ihrer Rolle und nach ihren Spielregeln funktionieren können. Ihnen ist Befangenheit, Sorge oder ein saures Keep-smiling ins Gesicht

geschrieben, weil sie sich in tierischem Pflicht-
eifer einem gar strengen Meister unterstellen.

Die Exklusivität der Kleidung
des Grün-Defensiv-Typs (− 2)

Exklusiv ist, wer seine Ansprüche so hoch
schraubt, daß nur wenige oder gar kein anderer
mehr mit von der Partie ist. Exklusivität ist   Exklusivität
Besonderheit, aber Besonderheit durch hohe
Qualität. Wer nur dadurch ein Besonderer sein
will, daß er anders als die anderen ist, also
den Hut verkehrt aufsetzt oder einen unab-
sichtlichen Rülpser zum Kunstwerk erklärt,
der ist nicht exklusiv, sondern extravagant, weil
er das Qualitätskriterium der besonderen Leistung nicht erfüllt.
Exklusivität setzt keine originelle Idee oder eigene Gestaltung voraus. Sie ist aber Ausdruck
höchster ästhetischer Beurteilungs- und Aus-
wahlfähigkeit. Exklusivität ist keineswegs an
hohe Preise gebunden, sondern nur an die Ur-
teilsfähigkeit über ästhetische Perfektion und
an die Auswahl des Besonderen.

Exklusivität

Im Gegensatz zur Extravaganz, die Publikum braucht, liebt die Exklusivität den sachbezogenen Stolz. Man liebt die besondere Schönheit der Dinge; es bleibt nebensächlich, daß man diese eleganten Schuhe in Mailand und den eigenwilligen Kaschmir-Pullover in London gefunden hat. Wer das Exklusive sucht, erlebt in der Entdeckung der Vollkommenheit eine erotische Beglückung. Darum wendet er sich den ästhetischen Gegenständen, dem Schmuck, den Kleidern, Wohnungseinrichtungen oder Kunstgegenständen zu. Nicht selten wird hier das Erlebnis der befriedigenden Harmonie gefunden, das man in der Partnerbeziehung entbehrt. Wer sich exklusiv kleidet, ist sensibel und anspruchsvoll-wählerisch. Er ist

Ideal-forderungen

innerlich gespannt, denn er will Idealforderungen durchsetzen. Dadurch gerät er meist in Situationen, die er als Beeinträchtigung und Zwang empfindet. Oft bleibt er unentschieden in der Sackgasse stecken, weil er sowohl frei verfügen will als auch auf nichts verzichten möchte. Er rettet sich in die exklusive Vollkommenheit, in seinen privaten Himmel auf Erden.

Die nachfolgende Zusammenstellung zeigt die Verwandtschaft zwischen den vier Idol-Rollen und den vier Defensiv-Rollen:

Idol-Rolle

(+1) traditionell
(+3) originell
(+2) klassisch
(+4) modisch

Defensiv-Rolle

(−3) uniform
(−1) abwechselnd
(−4) konservativ
(−2) exklusiv

Diese acht Rollen-Merkmale erscheinen sowohl einzeln als auch in Kombinationen. Oft steigern sich die Idol- und Defensiv-Rolle gegenseitig: Modisch (+4) und zugleich extravagant (+3 −2) kleiden sich zum Beispiel Jugendliche, die mit ihrem Unabhängigkeitsdrang (+4−2), ihrem Lostrennungsdrang (+4 −1) und ihrer Opposition gegen Abhängigkeit (−1 −2) ihre Selbständigkeit gegenüber der Eltern-Generation demonstrieren möchten. Klassisch (+2) und zugleich auch konservativ (−4) gekleidet, schreitet der Sicherheitsdrang (+2 −4) in hölzerner Würde einher.

Unabhängigkeitsdrang +4 −2

Sicherheitsdrang +2 −4

Anderseits können sich aber auch Idol-Rollen verbinden. Echte Originalität (+3) kann die neue Mode (+4) als Tummelfeld der Ideen ausschöpfen. Wer den Elan hat, sich modisch und originell zu kleiden, ist kontakt- und kommunikationsfreudig (+3 +4). Trotz seiner spontanen Aufgeschlossenheit gibt er sich aber Rechenschaft, ob eine neue Beziehung eine fruchtbare Bereicherung zu werden verspricht.

kontaktfreudig

Häufig wird die traditionelle (+1) Volkstracht durch originelle (+3), selbst entworfene Dekorationsmuster bereichert. Im Volksfest verbindet sich Tradition mit spontaner Originalität zur Eintracht (+1 +3).

Eintracht
+1 +3

Wer traditionell (+1) und klassisch (+2) im Frack erscheint, dokumentiert – ob Bürgermeister oder Oberkellner – seinen Besonderheitsanspruch (+1 +2).

Besonderheits-
anspruch
+1 +2

Die Kleidung kann entweder den Körper schützen oder den Körper schmücken. Die Schutzhülle wird zur dekorativen Verpackung, wenn es – wie besonders beim weiblichen Körper – um einen Schönheits- und Genußartikel mit einem Marktwert geht. So wie Zigarettenpackungen durch ihre Stilrichtung und ihr Prestigeniveau ein bestimmtes Markenimage ausprägen, um eine bestimmte Zielgruppe anzusprechen, so kleiden sich auch die Menschen nach einem bestimmten Rollen-Image, weil es ihnen – meist unbewußt – den Kontakt zu ihrer Zielgruppe gewährleistet. Der Unternehmer vermerkt die legere Kleidung seines Werbefachmannes, der einer anderen Gesellschaftsgruppe angehört, mit Mißtrauen. Halb unbewußt, aber blitzschnell verstehen wir es, einen Menschen auf Grund der Kleidung in seiner

Zielgruppe

emotionalen Rolle und nach seinem sozialen
Status einzuschätzen. Wer sich in der Psychologie der Farben und Formen auskennt, ent-
deckt, mit welch differenzierter Signalsprache   Signalsprache
durch Farbnuancen und Farbzusammenstel-
lung oder durch die Musterung und Material-
qualität ein Mensch seine Emotionalität kundgibt. Wer mit der Emotionalität vertraut ist,
ahnt, wie genau und vollständig der Mitmensch
diese unbewußten Signale ebenfalls unbewußt
wahrnimmt und beurteilt, selbst wenn sein Bewußtsein nur das Endergebnis »sympathisch«
oder »unsympathisch« registriert.

Sex-Signale

Sex-Signale, die wie Sex-Witze mit bewußter Absicht abgefeuert werden, sind fast immer irreführend. Entweder holt einer Obszönitäten aus seiner Witzschublade, um seine Gehemmt- und Verklemmtheit zu überspielen, oder er will nur die Stimmung anheizen, um nachher zum Beispiel eine Lebensversicherung abzuschließen. Wer absichtlich auf Sex macht, zum Beispiel die Dirne, hat meist nichts zu bieten. Wer also eine Sex-Bombe entschärfen will, macht die wundersame Entdeckung, daß bei dieser Bombe nichts tickt und nichts platzt.

Welches sind die Signale, die über das wirkliche, erotische Verhalten Einsicht verschaffen? Ist es der Ausdruck der Augen, des Mundes, der Hände, die Körperhaltung, die Bewegung, die Kleidung, der Schmuck, die Stimme oder sind auch die äußeren Körpermerkmale, wie Haarfarbe, Behaarung, Busen, Beine, Körperwuchs, Hinweis für das erotische und sexuelle Verhalten?

Zunächst müssen wir die falschen Wegweiser beiseite räumen. Unsere Farb- und Formtest-Untersuchungen zeigen, daß alle Menschen bei bestimmten Farben und Formen entsprechende, bestimmte Empfindungen haben. Ein Quadrat zum Beispiel vermittelt gespannte Stabilität, klare Ordnung, Beharrung. Eine Rosette aus weich fließenden Wellenlinien erweckt das Gefühl von Entspannung und Behaglichkeit. Alle Formen und Farben, die wir wahrnehmen, ob abstrakte Form oder Körperform, ob abstrakte Kreisform oder runder Busen, ob Druckerschwärze oder schwarze Frauenhaare, sie erzeugen lediglich als Form und lediglich als Farbe ganz bestimmte, genau definierbare Empfindungen. Daß diese Empfindungen nur in uns bestehen und weder in der runden Kreisform noch in der Druckerschwärze vorkommen, leuchtet jedem ein. Daß aber auch die Rundung des Busens und die schwarzen Frauenhaare Empfindungen auslösen, die genauso nur im Betrachter stattfinden und daher keine Signale sind und somit nichts über den Charakter jenes Menschen aussagen, das ist dann besonders schwer zu begreifen, wenn man von diesen Reizen entzückt ist.

Hingegen äußert sich die psychische Verfassung und Lebensführung teilweise im Körperbau. Er kann athletisch muskulös, schlank oder rundwüchsig verfettet sein. Insofern trifft *Kretschmers* Typologie zu. Sonst aber sind Körperformen – im Gegensatz zu den Ausdrucksbewegungen und Ausdruckshaltungen, zum Beispiel den Gesichtszügen – keine praktisch verwertbaren Charaktersignale.

Körperbau

Junge, unerfahrene Menschen, die nicht sensibel beobachten, orientieren sich an äußeren Körpermerkmalen. Ein junges Mädchen ist zum Beispiel bereit, sich in jeden Mann zu verlieben, der groß, schlank, muskulös und schwarzhaarig ist. Manche Männer werden zeitlebens brünstig, wenn sie ihrem Bein-Busen-Idol begegnen, und diese naturhaft primitiven Sex-Signale genügen ihnen, um den Besamungsvorgang auszulösen. Diese biologischen »Schlüssel-Reize« wollen wir hier nicht untersuchen, sondern die emotionalen Haltungen und ihre Ausdrucks-Signale kennenlernen, durch die sich ein erfahrener Mensch in erstaunlich kurzer Zeit ein Bild vom erotischen und sexuellen Verhalten eines Geschlechtspartners zu machen vermag. Er bildet sich seine Meinung aber weder auf Grund eines Körpermerkmales, zum Beispiel der Haarfarbe oder der Breite der Lippen, sondern erfaßt zahlreiche Ausdruckssignale, aus denen er die emotionale Haltung erkennt.

Ausdrucks-Signale

Abgesehen von ihrer anatomischen und physiologischen Funktion ist die Sexualität ein Rollen-Verhalten und daher Ausdruck der Emotionalität. Darum gilt es, zuerst systematische Klarheit über die emotionalen Beziehungen, über die »Liebesformen« zu gewinnen, um ihnen die entsprechenden Sex-Signale zuordnen zu können. Weil trotz der unermeßlichen Sexualliteratur die größte Unklarheit herrscht, werden anschließend auf Seite 116/117 in einer Übersichtstabelle sowohl die emotionalen Beziehungen, die »Liebesformen«, ihre Idol-Rolle und Defensiv-Rolle, als auch deren Kombinationen zusammengestellt.

Liebesformen

Wir unterscheiden vier »Liebesformen« als emotionale Beziehungsstrukturen:
die Sympathie,
den sexuellen Körperreiz,
die Bindung und
die Erotik.
Eine Partnerbeziehung kann alle vier, nur drei, nur zwei oder nur eine dieser Beziehungsformen umfassen. Die Beziehung kann nur dem sexuellen Reiz dienen oder sie kann lediglich eine vertrauensvolle Sympathie sein und weder Sex noch Erotik, noch eine Bindungsabsicht verfolgen. Da wir Sympathie im eigentlichen Wortsinn als verständnisvolles Mitfühlen im Sinne der »christlichen Liebe« verwenden, kann ein Teenager, der für seinen Lehrer oder ein Sängeridol schwärmt, erotische Begeisterung empfinden, ohne zur vertrauensvollen Sympathie fähig zu sein und ohne an Bindung

zu denken. Vor einer sexuellen Begegnung könnte er sogar zurückschrecken.

Die Sympathie

Die Liebesform der Sympathie (die wir mit der Kennziffer 1 markieren), entspricht dem vertrauensvollen, verständniswilligen Mitfühlen. Sie ist im Sinne des griechischen Begriffes der agape oder der »christlichen Nächstenliebe« stets dem Sex und der Erotik gegenübergestellt worden.
Ziel der Sympathie ist das Harmonieren in der Gemeinschaft, das Erlebnis des Vertrauens und Verstehens. Sympathie äußert sich als geduldiges Wohlwollen, wie es zum Beispiel die Mutter ihrem Kind entgegenbringt. Sympathie fordert nicht.

Sympathie

Nächstenliebe

Harmonieren

Harmonieren,
die Idol-Rolle des Blau-Typs (+ 1)

Sympathie

Signale für die harmoniebereite Sympathie (+1) sind der ruhige, leicht verhängte Blick, der in die Augen des Partners gerichtet ist. Die Pupille ist eng, da das Autonome Nervensystem sympathikolytisch geschaltet ist. Der Mund ist weich geschlossen. Die Mundwinkel meist horizontal. Die Zunge liegt breit und schlaff im Mund. Die Kopfhaltung ist oft leicht nach vorne und leicht seitlich geneigt wie beim Musikhören. Die Körperhaltung ist entspannt. Die Bewegungen sind im allgemeinen langsam und ruhig. Die Handbewegungen sind nicht besitzergreifend, sondern zart berührend, zum Beispiel werden die Fingerspitzen der beiden Hände aneinandergelegt oder sie sind weich umfassend, man hält zum Beispiel ein Trinkglas in der Hand, während der Daumen zugleich die Glasfläche streichelt. Die Hände können auch ruhig daliegen oder herunterhängen. Das Sprechtempo ist ruhig; die Stimme klingt eher weich und tief, niemals laut.
Die Kleidung ist vielfach konventionell, traditionell, sehr gepflegt; unifarbig wird der starken Musterung vorgezogen. Wenn Schmuck

getragen wird, dann nie viel. Er ist entweder
traditionell, ein Andenken oder ästhetisch aus-
erlesen. Als Frisur wird das Haar oft lang, aber
häufig aufgesteckt getragen.
Die Körpergestalt, die stets ein unsicheres Signal ist, kann eher rundlich und mollig sein.

Agitieren, die Defensiv-Rolle
des Blau-Typs (− 1)

Empfindet der Blau-Typ Angst vor Leere und
Langeweile, vor dem Sog in die deprimierende
Reizlosigkeit, so treibt ihn die Entbehrung
(Frustration) zur Unruhe. Durch das Unbefrie-   Frustration
digtsein ist er zugleich reizbar. Es entsteht der
in der Psychiatrie bei Depressionen wohl-
bekannte Zustand der »Agitiertheit« (− 1).   Agitiertheit
Um die unbefriedigende Leere zu betäuben,
kann eine der drei anderen Liebesformen kompensatorisch gesteigert werden: entweder der
Körperreiz oder die illusionistische Erotik oder
der Dominationsanspruch in einer Bindung.
Signale der Agitiertheit (− 1) sind die Bewe-
gungsunruhe des Blickes, der Körper- und be-

sonders Handbewegungen (mit den Fingern
trommeln, ein Haarbüschel um den Finger dre-
hen, an den Kleidern herumnesteln), das gieri-
ge Rauchen und Saugen an der Zigarette. Die
Zunge saugt an den Zähnen, oft bis das Zahn-
fleisch blutet. Das Sprechtempo ist teils schnell,
teils zögernd, oft stoßweise und unrhythmisch.

Der sexuelle Körperreiz

Körperreiz   Der Körperreiz, den wir mit der Ziffer 3 kennzeichnen, ist Sexualität im engen Sinne. Diese
»Liebesform« ist aber nicht auf die Sexual-
organe beschränkt, sondern alle Berührungs-
reize der Haut, besonders aber die »erogenen«
Reizzonen, wie zum Beispiel die Brustwarzen,
erzeugen Erregung. Die Reizsteigerung bewirkt eine intensive Zuwendung zum Körper,
die als Erregung empfunden wird. In der Erregung besteht eine völlige Identifikation mit
dem Körper, die wie jede totale Identifikation
als Glücksgefühl erlebt wird. Mit der Erregung
steigt die Spannung bis zur Überspannung, die
sich als Orgasmus löst.
Der Körperreiz wird meist durch die körperliche Berührung, durch Anfassen erzeugt. Ent-
scheidend ist aber, ob auf die Körperstelle ein

Nervenreiz projiziert wird. Daher bedarf es
nicht unbedingt der körperlichen Berührung,
sondern auch Worte, also Vorstellungen, kön-   Vorstellungen
nen den Nervenreiz in dieser Körperregion
empfinden lassen und bis zum Orgasmus steigern. Mit Hilfe der Vorstellung wird diese Körperstelle sozusagen von innen her angefaßt.

Anfassen, die Idol-Rolle des Rot-Typs (+3)

Signale für die Bereitschaft zum Anfassen, um
die Liebesform des Körperreizes auszuleben
(+3), sind die typischen Sex-Zeichen: die Erre-   Sex-Zeichen
gung und die zunehmende Spannung. Durch
die sympathikotone Erregung vergrößern sich
die Pupillen. Bei starker Erregung wird der
Blick ziellos und die Augen bewegen sich hek-
tisch hin und her. Sobald die Spannung ein-
setzt, spreizen sich die Nasenflügel. Der Mund
ist leicht geöffnet. Die Zungenspitze stößt nach
vorne und oben, zuerst hinter die Zähne, aber
sobald die Selbstkontrolle erlischt, dringt sie,
wie beim Zungenkuß, nach außen. Die Spitze
ist nach oben gerichtet und wedelt erregt hin

und her. Die Kopfhaltung ist gerade, nie seitlich geneigt. Je nach dem Grad, wie die Erregung in Gespanntheit übergeht, wendet sich
die Kopfhaltung von unten nach oben und
schließlich nach hinten und zur Seite. Die Körperhaltung ist straff. Die Bewegungen sind lebhaft. Die Hände wollen etwas ergreifen und
bewegen. Das ist einer der Gründe, weshalb
Zigaretten gerne in den Händen gehalten werden. Die Sprechweise ist eher schnell und vorwiegend laut.

Sex-Signale   Zu den Sex-Signalen des Körperreizes gehört
auch die Kleidung. Anstelle des körperlichen
Ergreifens tritt hier das optische Anfassen. Daher empfinden und sagen Frauen von solchen
Männern, »daß sie einen mit den Augen ausziehen«. Die Keidung wird als optisches Reizmittel getragen. Die Körperformen werden durch
die Kleidung betont (hohe Absätze zur Verlän-
gerung der Beine; Pullover, um den Busen her-
vorzuheben, enganliegende Hosen, um das Ge-
säß und die Geschlechtsteile abzuzeichnen).
Die Farben sind bunt, lebhaft und kontrastie-
rend. Die Muster sind eher großflächig und
ebenfalls lebhaft. Typisch sind Rautenformen,
das Leoparden-Muster und freie, aber kon-
trastreiche Ornamente. Die Haare werden
nicht besonders lang und meist offen getragen.

Der Schmuck wird zum optischen Anfassen
in reicher Reizfülle präsentiert.
Die Körpergestalt hat kaum Signalbedeutung.
Der Tendenz nach ist sie eher muskulös.

Moralisieren, die Defensiv-Rolle des Rot-Typs (−3)

Wer nach ehrgeiziger Selbstbewunderung und
nach einem selbstgefälligen Gefühl der Überlegenheit strebt, unterdrückt die spontanen Lust-
reize, weil er sie als störende Verführung empfindet. Werden Körperreize nicht ausgelebt,
sondern schamhaft gestaut, so irritieren sie, bewirken Unlust und führen zur Überreizung.
Alles, was Lustreiz sein kann, wird dann durch
Kritik abgewertet, wird moralisiert.

Die Signale des lustfeindlichen Moralisten sind
ihm in sein griesgrämiges Jammergesicht geschrieben. Die sauer verkniffenen Mundwinkel
verharren den lieben langen Tag in der Uhrzei-
gerstellung: zwanzig nach acht. Über der Na-
senwurzel krausen sich senkrechte Falten als
Zeichen ständiger Anstrengung, ohne die das

Moralisten

Haar in der Suppe nicht gefunden werden könnte. Dem selbstherrlichen Überlegenheitsdrang des Moralisten setzt sich niemand freiwillig aus. Die eigenen Kinder haben es

moralisierende Eltern

schwer, mit autoritär moralisierenden Eltern fertig zu werden, solange sie von deren Futternapf abhängig sind. Man kann auch von keinem Menschen die Vernunft eines Haushundes verlangen, der so klug ist, daß er das moralisie-

Herumkommandieren

rende Herumkommandieren als die verschämte Art der Herrenmenschen erkennt, jemandem das Gefühl der Zugehörigkeit zu geben und zärtliche Sympathie auszudrücken.

Schon seit der Vertreibung aus dem Paradies, wo die zweiköpfige Menschheit feststellte, daß sie nackt sei, wenn sie nichts Anständiges anzuziehen habe, und sich darob schämte, ist das Moralisieren gegenüber sich selbst und allem und jedem zum Lustersatz der Paradiesvertriebenen geworden.

Wird auf das Moralisieren (-3) noch der Bindungsanspruch ($+2$) mit seinem Dominationsbedürfnis gepfropft, so trägt die Intoleranz

Intoleranz $+2$ -3

($+2$ -3) ihre schönsten Früchte. Sie kann sich von der Selbstzucht und Selbstkasteiung bis zur Mißbilligung und Züchtigung anderer ausleben. Zieht man aber das moralistische Schamkorsett an (-3), um den erotisch ideali-

sierten Höhenflug (+4) von aller echten Kör-
perlichkeit rein zu halten, so ist man zum Senk-
rechtstarter in die Sublimation (+4 −3), in die   Sublimation
ästhetizistische Illusion, in die Kunstarena des
»Kitsch as Kitsch can« bereit. Zieht man sich
aber das Schamkorsett (−3) nur an, um die
bösen Lüste einzusperren, so ist das ein from-
mer Trick, um den harmonischen Frieden (+1)
ohne hormonische Befriedigung zu finden.

Die Bindung

Mit der Kennziffer 2 bezeichnen wir die »Liebesform« der Bindung. Es ist die Form der   Bindung
Partnerbeziehung, die sich in der Abhängig-   Abhängigkeit
keit, im Besitzen und Besessenwerden erfüllt.
Feste Bindungen festigen das Gesellschaftsge-
füge, sie nützen dem Staat. Die Familie ist die
Zelle des Staates. Dem Staat kann's nur recht
sein, wenn sich zwei Verliebte in eine Zelle sper-
ren lassen. Er sanktioniert die Liebesbeziehung
durch eine gesetzliche Bindung. Die Insassen
einer Liebeszelle nennen ihre Institution Ehe
und unterscheiden sich durch ihren freiwilligen
Eintritt von den Insassen einer Gefängniszelle.
Bindung ersetzt die Unsicherheit durch Un-
selbständigkeit. Bindung heißt der Tausch von

Isoliertheit gegen Abhängigkeit. Freilich soll die Bindung, wie jeder Vertrag, beiden Partnern Nutzen bringen, der Preis dafür ist festgesetzt, denn Bindung (2) und Erotik (4) sind Gegenspieler. Der Bindungsanspruch geht auf Kosten der erotischen, »romantischen« Liebe.

Fixieren, die Idol-Rolle des Grün-Typs (+2)

Wer als Partnerbeziehung nur noch seinen Bindungsanspruch geltend macht, der will den Partner beherrschen. Über den Partner verfügen, Macht durch den Ehevertrag oder durch die affektive Bindung ausüben, das brauchen

Selbst-bestätigung jene Menschen zur Selbstbestätigung, die insgeheim wissen, daß sie der Liebe nicht würdig,

kritisieren daß sie unliebenswürdig sind. Sie kritisieren

nörgeln und nörgeln am Aussehen (Haare, Kleidung) oder am Verhalten (zum Beispiel am Unwissen)

Vorwurf des Partners herum. In Blitzeseile ist ein Vorwurf, oft in Fürsorge gewickelt und mit Perfidie verschnürt, bereit, um dem Partner eine Minderwertigkeit oder Unfähigkeit zu unterstellen und damit die eigene, besserwisserische Überlegenheit zu demonstrieren.

Da die Menschen ihr Heil in der Liebe suchen, lassen sie sich häufig von dieser Art scheinheiliger Liebe, die nichts als respektloser Machtanspruch ist, irreführen. Sie lassen sich das Schulmeistern und Bevormunden gefallen, »weil es doch gut gemeint ist«, und entschuldigen damit die Demütigungen eigener Abhängigkeit.

Selbst die Eifersucht wird aus eigenem Bindungsbedürfnis als »Zeichen der Liebe« mißdeutet, statt sie als moralisierenden Bindungszwang und lieblosen Besitzanspruch zu erkennen. Eifersüchtig ist, wer den Partner besitzen will und insgeheim weiß, daß er deshalb tatsächlich nicht liebens-würdig ist. Darum ist es für ihn unglaubhaft, daß ihn der Partner zu lieben vermag, daher mißtraut er seiner Liebe, darum ist er eifersüchtig. Eifersucht ist – wie bei Othello – ein nur eingebildeter Liebesverlust. Wendet sich der Liebespartner jedoch tatsächlich ab und einem anderen zu, so wird das Gefühl der Enttäuschung eintreten. Eifersucht kann aber die Enttäuschung begleiten, insofern als der Besitzanspruch und das Wissen um die eigene Unliebenswürdigkeit zugleich bestehen. Fehlen diese Voraussetzungen, ist nur Bedauern oder Enttäuschung möglich.

Machtanspruch

Eifersucht

Enttäuschung

Die Liebesform der Bindung will den Partner fixieren, festlegen, anbinden. Signale dieser fixierenden Bindung sind das autoritäre Belehren und Bevormunden, das Geringachten der Meinung und Fähigkeit des Partners. Man läßt ihn nicht ausreden; redet ihm drein; macht ihn beim Autofahren auf Notwendigkeiten aufmerksam, die er ebensogut sieht und beurteilen kann.

Bindungs-anspruch Ausdrucksmerkmale des Bindungsanspruches sind der gepreßte Mund, die waagrechte, oft schmale Oberlippe. Der Blick ist abgedeckt und prüfend. Der Unterkiefer kann vorgeschoben sein (Vorbiß). Durch das »Auf-die-Zähne-Beißen« spannt sich der Kaumuskel von der hinteren Kinnlade bis zu den Schläfen. Die Kaubewegungen zeichnen sich besonders am hinteren Kieferbogen ab. **Zunge** Die Zunge preßt die **Zähne** Zähne bei Verlegenheit seitlich gegen die obere Zahnreihe. Die Kopfhaltung ist gerade. Die Schultern sind infolge der Verteidigungshaltung ständig leicht hochgezogen. Daher besteht eine Muskelverspannung im Nacken, die bis zum Kopfschmerz führen kann. Die Beine werden meist übergeschlagen, manchmal sogar korkenzieherartig verschlungen.

Die Bewegungen sind gemessen, oft steif. Auf-**Zeigefinger** fallendes Signal ist der gestreckte Zeigefinger.

Er stößt entweder waagrecht wie ein Florett
gegen den Angesprochenen vor, als ob man
ihm die eigene Meinung direkt unter die Nase
reiben wolle, oder man richtet den Zeigefinger
gen Himmel, wo hinter den Wolken alles Gute
und Wahre verankert ist, um klarzumachen,
daß man im Namen des Absoluten, der Ojekti-
vität und ewigen Wahrheit spricht.
Das Sprechtempo ist eher langsam. Die Worte
sind abgesetzt und deutlich akzentuiert.
Der Körperwuchs kann oftmals schlank sein.
Die Kleidung ist vielfach klassisch oder konservativ. Ihre Farben sind eher gedeckt; ihre Muster gestreift oder quadratisch. Damen sind
meist kunstvoll frisiert und lackiert. Auch der
Schmuck ist häufig konservativ und kapital-
trächtig: schwere Goldkolliers, Perlen und Sa-
phire mit Brillanten.
Die Bindung, der Wille, den Partner zu fixie-   Bindung
ren, ist oft die letzte Liebesform, die in einer
Partnerbeziehung bestehenbleibt und ihr eine
armselige Dauer verleiht.

Sich emanzipieren, die Defensiv-Rolle des Grün-Typs (−2)

Abhängigkeit

Entscheidung

Emanzipation

Die Fixierung in einer Bindung (+2) führt zur Behinderung der Selbstverwirklichung und kann als Abhängigkeit und Zwang (−2) empfunden werden, aus denen man sich befreien möchte: Man will sich emanzipieren (−2). Vielen fällt die notwendige Entscheidung schwer, da man dazu nicht nur den Ausweg aus einer Sackgasse finden soll, sondern oft auch einen vergoldeten Käfig verlassen muß. Sich beruflich, materiell und seelisch auf eigene Füße zu stellen, bereitet Frauen, die sich einmal aus Liebe oder der Kinder wegen in eine Abhängigkeits-Bindung begeben haben, meist unüberwindlich scheinende Schwierigkeiten.

Anstelle der echten inneren Selbstbefreiung und Selbständigkeit wird die Rolle der Emanzipation gespielt. Man entzieht sich der Gemeinschaft mit dem Partner, bricht aus. Man ist »emanzipiert und schließlich niemandem Rechenschaft schuldig». Man ist diskret und verschwiegen, um selbst keine Spuren zu hinterlassen.

Am ausgeprägtesten ist der Emanzipationsdrang (−2), wenn er sich in der erotisch idealisierenden Liebesform (+4) als »unbekümmerter Flirt« (+4 −2) auslebt. Ihr liegt der vierte, von *Freud* übersehene Verhaltens-»Typ« zugrunde: das explorative Verhalten, das im »visuellen«, im optischen Reiz seinen erotischen Stimulus sucht (die Körpergestalt, Pin-up-girl, Striptease, Pornographie).

Die Emanzipation (−2) macht den zum »forschen Draufgänger« (+3 −2), der auf den sexuellen Körperreiz, auf das lustvolle Anfassen (+3) abzielt. Wessen Emanzipationsdrang (−2) aber nur den Zweck hat, Entscheidungen auszuweichen (−2), um auf bequeme Weise seine Befriedigung (+1) zu finden, der spielt aus Nachgiebigkeit (+1 −2) mit, wenn sexuelle Wünsche an ihn herangetragen werden. Umgekehrt verhalten sich Männer und Frauen sexuell »abwehrend« (−2 −3), wenn sich die Bindungs-Abwehr, die Emanzipation (−2) und zugleich auch die moralisierende Reiz-Abwehr (−3) miteinander verbinden.

Emanzipation (−2) bei gleichzeitiger Anklammerung (−4) ist uns bereits als hoffnungslose Abhängigkeit, als Hörigkeit (−2 −4) bekannt. Wenn beim Drang zur Emanzipation (−2), zur Befreiung aus der Enge zugleich auch die agitierte Befreiung von einer langweiligen, unbefriedigenden Leere (−1) kommt, will man

»unbekümmerter Flirt« +4 −2

exploratives Verhalten

Draufgänger +3 −2

Nachgiebigkeit +1 −2

abwehrend −2 −3

Hörigkeit −2 −4

abwenden
−1 −2

sich von der Beziehung »abwenden« (−1 −2), man verreist ohne Rückfahrkarte.

Die Erotik

Platon erzählt, daß der Mensch einmal eine Kugelgestalt hatte und so hoch springen konnte, daß sich die Götter im Himmel dadurch gestört fühlten. Um diesem Übermut ein Ende zu setzen, wurden die Kugelmenschen entzweigeschnitten, und seither sucht die eine Hälfte die andere. Die Liebessehnsucht dominiert den Menschen: Der Elan zum Aufschwung in die göttlichen Sphären wird von der irdischen

Ganzheit

Sehnsucht nach Ergänzung, nach Ganzheit, von der Sehnsucht nach Liebe absorbiert.
Die Sehnsucht nach Vollkommenheit, nach dem Ideal, die man auf den geliebten Menschen

Kristallisation

bezieht, beschreibt *Stendhal* als Kristallisation: Wenn ein Zweig (»Der Salzburger Zweig«) einige Zeit im Salzwasser liegt, so setzen sich Kristalle an. Den hölzernen Zweig selbst sieht man dann nicht mehr, sondern nur noch die glitzernden Kristalle, die ihn umhüllen. In der Einbildung stattet man den geliebten Menschen mit bewundernswerten Vorzügen aus und sieht ihn sodann, wie den Zweig in seiner kristallisierten Gestalt, als idealisierte Persönlichkeit.

Der Freudschüler *Theodor Reik* hat in »Geschlecht und Liebe« die Gründe dargestellt, weshalb man den Partner idealisiert:

Zum idealisierten Liebespartner wird, wer diejenigen Eigenschaften besitzt, die man selbst gerne haben möchte, zum Beispiel Schönheit, Intelligenz, Attraktivität, Beliebtheit, Selbstsicherheit oder Ungehemmtheit. Was ich als eigenes Ungenügen empfinde und was mir heimlich Angst macht, stört mich an anderen als besonders unerträglich. Umgekehrt bewundere und idealisiere ich jene Menschen, die sich in dem durch Stärke und Überlegenheit auszeichnen, worin ich mich schwach und ungenügend fühle.

Die Liebesform der erotischen Idealbildung hat in der mittelalterlichen Hochkultur der Minne und in der Romantik Höhepunkte erreicht. Zur Zeit eilt sie einem Tiefpunkt zu, da die sexuelle Befreiung nicht nur den Illusionismus verachtet, sondern auch die echte Idealbildung mißachtet.

Jahrhundertelang ist der natürliche Sex mit christlichem Moralismus und scheinheiligem Selbstbetrug unterdrückt worden. Die in Ketten gelegte Natur treibt den Wahn, die Illusion

Idealbildung

und die Lüge hervor. Verdrängte Sexualität beginnt zu kochen und zu gären. Den überquellenden Abschaum nennt *Freud* »Sublimation«. »Kultur«, die aus unterdrücktem Sex herausdestilliert wird, ist glitschig und kitschig wie das Ölgemälde der Leda mit Schwan über dem züchtigen Ehebett.

Jahrhundertelang hat die verschämte Unaufrichtigkeit gegenüber der sexuellen Lust die menschlichen Beziehungen daran gehindert,
Scheu   ehrlich und spontan zu sein. Scheu, Stolz und Gereiztheit haben häufig hier ihren Ursprung. Zugleich verbarrikadieren die sexualisierten Illusionen – durch die sexualisierte Werbung und Literatur angeheizt – die Natürlichkeit in der Begegnung von Mensch zu Mensch. Nicht Menschen begegnen sich, sondern Männer und Frauen verschanzen sich hinter Prestige-Signalen und kämpfen um eine taktische Annäherung.

Die Rollen-Signale, die attraktiv wirken sollen, das Auto, das imponieren soll, der Beruf, der Titel, Besitz, gesellschaftlicher Einfluß, die alle Eindruck machen sollen, sind Idole, die aber im Gegensatz zu jenen Idealen stehen, die das Wesen der erotischen Liebe ausmachen.

Ideal der erotischen Liebe   Das Ideal der erotischen Liebe ist gerade nicht die illusionistische Kristallisation Stendhals, die den echten Zweig überdeckt, sondern die von Platon gemeinte Ganzheit der Selbstverwirklichung durch die Partnerbeziehung, die begeisternde Ergänzung, die man durch einen aufgeschlossenen, spontan verstehenden Partner (»mit gleicher Wellenlänge«) erleben kann. Das Ideal der Ergänzung und Übereinstimmung besteht – im Gegensatz zur illusionistischen Kristallisation – in der sensiblen, aufmerksamen, emotionalen und geistigen Zuwendung, in der vorbehaltlosen Offenheit und Auseinandersetzung. Eine Partnerbeziehung, in der dieses Ideal der Übereinstimmung zur Erfahrung und Gewißheit wird, heißt erotische Liebe. Das vorbehaltlose Bejahenkönnen und Sich-öffnen-Können ist eine Selbstverwirklichung, die nur bei einem Partner gelingt, der zu einem entsprechenden, oft wortlosen Verständnis fähig ist. Das Ideal der Erotik liegt in der Fähigkeit zur Offenheit und Übereinstimmung.

Die Liebesform der Erotik kennzeichnen wir mit der Ziffer 4.

Ideal der Übereinstimmung

Idealisieren,
die Idol-Rolle des Gelb-Typs (+ 4)

Wer den bewunderten Partner als Idol wegen
seiner Schönheit, seiner imponierenden Intelligenz, seinem Erfolg usw. »liebt«, genießt die
eigene Eitelkeit und Selbstbestätigung, die er
aus der Gegenliebe ableitet. Diese egozentrische Selbstbespiegelung wird seit *Freud* als

Narzißmus Narzißmus bezeichnet. *Stendhal* hat sie als die
Liebesform der Eitelkeit beschrieben. Wer sein
»Ideal« in der äußeren Erscheinung, im schönen Bild, in der gesellschaftlichen Geltung, im
Image des Partners erfüllt sieht, verpaßt die
erotische Selbstverwirklichung, die durch die
Übereinstimmung mit der eigenen emotionalen
und geistigen Erlebnisweise entsteht. Darum
können ohne erotische Übereinstimmung weder Bindung noch Sex aus der geistig-seelischen
Isoliertheit retten.

Signale Die Signale der idealerfüllten Erotik sind besonders deutlich am offenen Blick ablesbar.
Dadurch entsteht der strahlende Ausdruck.
Die Augen scheinen zu leuchten. Der Blickkon-
takt verweilt in der erotischen Einstellung ruhig. Er unterscheidet sich dadurch gegenüber
dem geöffneten Blick mit der lebhaften Pupil-

lenbewegung beim sexuellen Körperreiz. Wie
bei der Sympathie ist der Mund weich geschlossen. Geöffnet wird er in der Regel erst, wenn die
sexuelle Erregung überhand nimmt. Die
Mundwinkel sind stets leicht nach oben gezo-
gen. Die Kopfhaltung ist meist leicht seitlich
geneigt. Die Blickrichtung hat die Tendenz, von
unten nach oben zu führen. Die Körperbewe-
gungen und der Gang sind elastisch, beschwingt. Die Hände ergreifen nicht, sondern
spielen oder tasten und lassen zum Beispiel eine
Kette durch die Finger gleiten.
Das Sprechtempo ist lebhaft. Die Stimme kann
melodiös und klar oder melodiös und fahrig
sein. Sobald sie aber näselnd, quäkend oder
stockend klingt, sind dies Signale einer gehemmten Erotik (-4), die in der Anspruchs-
haltung oder Enttäuschung steckengeblieben
ist und den Durchbruch zur erotischen Selbstverwirklichung nicht gefunden hat.
Die Kleidung ist oft modisch. Da sie in der
Regel unkonventionell ausgewählt und nach
eigenem Geschmack ästhetisch zusammengestellt ist, kann sie auffallen, obwohl sie nicht
durch Extravaganz provozieren will. Dementsprechend ist der Schmuck unkonventionell, unkonventionell
bald spielerisch und modisch, bald eine ästhetische Besonderheit, die das erotische Suchen

nach dem Ideal dokumentiert. Die Haare sind gepflegt; aber die Kunst des Friseurs, Brennschere und Lack kommen nicht zur Anwendung oder wenigstens nicht zur Geltung. Meist werden die Haare offen getragen oder nur leicht zusammengehalten, besonders wenn sie lang sind.

Die Körpergestalt ist auch hier kein zuverlässiges Signal. Sie kann schlank oder mollig sein; sie ist selten athletisch-muskulös. Sie kann dann eher rundwüchsig werden, wenn der erotische Elan enttäuscht worden ist und mit süßer Freßlust getröstet wird, bis der Kummerspeck um sich greift.

Übereinstim-
mung

Die erotische Liebesform, die das Ideal der Übereinstimmung zum Ziel hat, bleibt meist ein mehr oder weniger intensives Suchen. Sie verlangt vom Menschen, sich aufzuschließen und offen zu bleiben; sie erhält ihn jung.

Sich anklammern, die Defensiv-Rolle des Gelb-Typs (− 4)

Leidenschaft, Glück, Enttäuschung, alle diese Gefühle finden im Liebenden selbst statt; aber sie werden auf den Partner bezogen. Darum bildet sich der Liebende allzuleicht ein, der geliebte Partner erzeuge diese Gefühle. Die eigenen Emotionen werden so erlebt, als ob sie vom Partner her kommen. Diese illusionäre Verschiebung der Gefühle von sich auf den Partner hat eine Abhängigkeit von ihm zur Folge. Sie ist besonders groß, wenn alle Hoffnungen, statt auf die Beziehung, auf die Bezugsperson gerichtet werden. Dann wird das Glück nicht in der Beziehung gesucht, die man selbst gestalten muß, sondern man meint, der Partner müsse einen glücklich machen. Dadurch macht man sich selbst und besonders die Beziehung vom Partner abhängig. Die Angst vor Enttäuschung, vor Verlust der Liebe des Partners nimmt überhand und zerstört die erotische, also freie Aufgeschlossenheit in der Liebesbeziehung. Wenn anstelle des erotischen Ideals, anstelle der Aufgeschlossenheit der Besitzanspruch tritt, so stellt sich auch gleichzeitig die Angst ein, man könne den Partner verlie-

Verschiebung
Abhängigkeit

Beziehung

ren. Sie bewirkt eine bohrende Sorge. Sie engt
den Erlebnishorizont auf den zum Problem ge-
wordenen Sektor des Partnerbezuges ein. Die
Angst vor Verlust hat zur Folge, daß man sich
Anklammerung   anklammert. Die Anklammerung ist die Abwehr gegen die eigene Unsicherheit und Verlorenheit. Sie ist der Versuch, das Gefühl der
Distanz auszuschalten. Anklammern will sich
nur derjenige, der sich wie ein Schiffbrüchiger
verloren fühlt. Er sucht einen festen Halt und
Sicherheit. Das Anklammern als Abwehr gegen Verlorenheit und Unsicherheit äußert sich
in einer Stufenleiter zwischen unauffälligen
und heftigen Signalen. Ein unauffälliger Ausdruck der besorgten Unsicherheit, der Verlegenheit und des Festhaltens (-4) ist das Ein-
saugen der Wangen zwischen die Zähne. Sie
werden mit den Zähnen entweder sanft gehalten oder bei erhöhtem Spannungsgrad ($+2$)
oder erhöhter Erregtheit ($+3$) bis zur Verlet-
zung zerbissen. Besser sichtbar ist das Festhalten (-4) aus Verlegenheit, wenn die oberen
Schneidezähne auf die Unterlippe beißen, die
auf den unteren Schneidezähnen wie auf einem
Amboß aufliegt und eingeklemmt wird. Das
Festhalten (-4) wird aber zum beherrschen-
den Erzwingen ($+2$ -4), wenn die unteren
Schneidezähne bei vorgeschobenem Unterkie-

fer die Oberlippe in die Zange nehmen. Heftig wird die Anklammerung (−4), wenn der eine Partner in einer scheinbaren Umarmung sich dem anderen aufdrängt und »an den Hals hängt« (+3 +2 −4). Die Anklammerung kann sich auf sechs Arten äußern, je nachdem mit welcher anderen Liebesform sie in eine affektive Verbindung tritt.

»an den Hals hängen«
+3 +2 −4

Die ausgeprägteste emotionale Haltung, die von *Freud* als »analer Typ« dargestellt worden ist, entsteht, wenn die »Anklammerung« (−4) mit dem Bindungsanspruch (+2) verschmilzt. Die Bindung wird zum »Zwang« (+2 −4). Durch Perfektion, durch Pedanterie oder Nörgelei wird die eigene Überlegenheit und Tadellosigkeit demonstriert. Man verwahrt sich gegen jede Beeinflussung, gegen Kritik oder Benachteiligung. Durch eine oft zwanghafte, strenge Überprüfung des Verhaltens bis in alle Einzelheiten versucht man, sich und seine Ordnungsvorstellung zu behaupten, um sich zu bestätigen und um das Gefühl der eigenen Festigkeit und Sicherheit zu erlangen.

»analer Typ«

»Zwang« +2 −4

Signale für den Bindungszwang sind das Kontrollieren und Ausfragen des Partners, das Rechenschaftfordern oder das Demonstrieren seiner Abhängigkeit (Haushaltungsgeld). Besonders häufig ist die depressive Anklamme-

Kontrollieren

rung (−4) an einen Partner, den man zum Idol macht. Von ihm verspricht man sich die Erfüllung aller Sehnsucht, die Harmonie und die liebevolle Befriedigung, die man benötigt (+1).

Geborgenheit
+1 −4

Der Drang nach Geborgenheit (+1 −4) äußert sich in der Sehnsucht nach einer idealen Verbundenheit. Man erwartet, daß die treue Anhänglichkeit eine beruhigende Sicherheit bietet und davor bewahrt, daß man einsam oder verloren ist und von niemandem geschätzt wird und nichts gilt.

Wenn die Anklammerung (−4) an eine Partnerschaft besteht, die leer und unbefriedigend geworden ist, wenn eine agitierte Unzufriedenheit eingetreten ist und man sich dennoch an den idealisierten Partner anklammert, kennzeichnet das den aufreibenden Zustand der

» Verlassenheit «
−1 −4
Hörigkeit

» Verlassenheit « (−1 −4) und der unglücklichen Bindung.

Hörigkeit heißt die » hoffnungslose Abhängigkeit « (−2 −4), bei der man sich sowohl an eine Partnerschaft anklammert (−4), weil sie eine bestimmte Befriedigung bietet, als auch zugleich sich von ihr emanzipieren will (−2), weil die Abhängigkeit unerträglich ist. Egozentrischer Narzißmus (+2 +4) und hoffnungs-

Narzißmus
+2 +4

lose Abhängigkeit, Hörigkeit (−2 −4) bedingen sich wechselseitig.

»Eifersucht« (− 3 − 4) heißt die Beißzange der
moralisierenden (− 3) Anklammerung (− 4).
Sie tritt ein, wenn die »Verliebtheit« (+ 3 + 4),
die Blüte des Kommunikationsdranges
(+ 3 + 4) verwelkt und in die Angst vor Isoliertheit (− 3 − 4) umschlägt.
Die Anklammerung (− 4) ist immer gespannt,
oft krampfhaft und überspannt, weil sie die
Angst vor der Beziehungslosigkeit beseitigen
und die Distanz überbrücken möchte.
In Verbindung mit dem sexuellen Körperreiz
beim körperlichen Anfassen (+ 3) nimmt das
krampfhafte Überbrücken der Distanz verschiedene Ausdrucksformen an, die aber als
Anklammerungs-Signale auffällig sind: Der
verschämte, aber sexuell gemeinte Klaps auf
die Kehrseite des Stammtisch-Idols, das Zwik-
ken und Kneifen als verlegenes oder bewußtes
Stimulieren der sexuellen Reizbereitschaft, das
Kratzen und Beißen im erregten Spannungszustand und das sexuell brutale Verprügeln
sind alles Mittel zur »forcierten Reizsteigerung« (+ 3 − 4), die dem Drang nach dem an-
klammernd-zwingenden (− 4) Anfassen (+ 3)
entspringen.

» Eifersucht «
− 3 − 4

Die Liebesformen der Funktionspsychologie

Ziffer	Liebesform	+-Funktion Idol-Rolle	--Funktion Defensiv-Rolle
1 Blau	Sympathie	harmonieren	agitieren (Leere, Unbefriedigtsein)
2 Grün	Bindung	fixieren	sich emanzipieren (Enge, Behinderung)
3 Rot	Körper-Reiz	anfassen	moralisieren (Unlust, Reiz-Abwehr)
4 Gelb	Erotik	idealisieren	sich anklammern (Verlorenheit, Enttäuschung)

Kommunika-
tionsdrang
+3 +4

Zum Reigen der »Liebesformen« gehört vor allem die dem Kommunikationsdrang (+3 +4) entspringende »Bereitschaft zur Verliebtheit«. Der Pfeil Amors sitzt nicht in irgendeinem Stück Kuh- oder Ziegenfleisch, sondern das Ziel wird als Ideal zuerst anvisiert. Erst wenn das Ideal (+4) gefunden ist, wird der Pfeil abgeschossen. Wenn sich die Pfeilspitze in den auserwählten Körper bohrt, ist das eine unzweideutige Art des »Anfassens« (+3), um einen eindeutigen Körperreiz zu bewirken. Die

Verliebtheit
+3 +4

»Bereitschaft zur Verliebtheit« (+3 +4) wird jedesmal zum »fall in love«, sobald das Reiz (+3)-Ideal (+4) gefunden ist.

Während der treulose Don Juan als pfeileschießender Schürzenjäger Mühe hat, sein Ideal

Selbstverständnis und Rollenverhalten
Sie sind wechselweise voneinander abhängig
(+3 +4 ⟷ −3 −4)

+1 −3	Betäuben, »oral« Essen, Alkohol, Beten, Narkotika	+3 −1 Stimulieren, »genital« brünstig, geil
+2 −4	Zwingen, »anal« Bindungszwang	+4 −2 Explorieren, »visuell« unbekümmerter Flirt
+1 +2	Treuebedürfnis, »wir beide«	−1 −2 sich abwenden, ignorieren
+3 +4	Bereitschaft zur Verliebtheit, Reiz-Ideal	−3 −4 Eifersucht
+1 +3	Zärtlichkeitsbereitschaft	−1 −3 verachten
+2 +4	Narzißmus, eitle Selbstverliebtheit	−2 −4 Hörigkeit, hoffnungslose Abhängigkeit
+1 +4	freundschaftlich, fürsorgend	−1 −4 Verlassenheit, unglückliche Bindung
+2 +3	rammeln	−2 −3 abwehren
+1 −2	nachgiebig, anpassendes Mitmachen	+2 −1 Beherrschen zur Selbstbestätigung, Vamp, frigid
+3 −4	forcierte Reiz-Steigerung, Klaps, zwicken, kratzen	+4 −3 schamhafte Erwartungsangst, ästhetische Sublimation
+1 −4	sich anklammern, Geborgenheitsdrang	+4 −1 suchen, schwärmen, Faszinationsbereitschaft
+2 −3	intolerant, moralisieren	+3 −2 forsch, draufgängerisch

(+4) auch dort zu finden, wo er seinen Pfeil ins Fleisch geschossen hat, fällt es Tristan schwer, einem sinnenfreudigen Körper treu zu bleiben, ihn festzuhalten (»anzufassen« +3). Daher kehrt er zu seiner Fee, zu seinem Idol (+4) zurück. Tristan vermag die Seele nicht im Körper zu finden, Don Juan im Körper nicht die Seele zu entdecken. Sie sind treulos, weil sie Erotik und Sex nicht zur Harmonie bringen können.

Diesen zwei, auf gegensätzliche Weise untreuen Burschen, stehen Romeo und Julia als treues Paar gegenüber. Die Bindung ist fixiert (+2), allem Ungemach zum Trotz, denn ihre Sympathie (+1) erfüllt sich in einem grenzenlosen, **Verstehen** vertrauensvollen Verstehen, das alle Widrigkeiten, die das Leben überhaupt bieten kann, zu überwinden vermag. Ihre Ruhe und Harmonie (+1) finden Romeo und Julia in der endgültigen Bindung (+2), im gemeinsamen Tod.

Der uneingeschränkten Verständnisbereitschaft (+1) und der daraus erwachsenden, ver-
Treuebedürfnis antwortlichen Bindung an den Partner ent-
+1 +2 springt das Treuebedürfnis (+1 +2).

Die erotische Aussage des Schmucks

Es gibt viele Arten des Schmucks, von der Halskette aus Sonnenblumenkernen bis zum hochkarätigen, lupenreinen Brillanten. Es gibt viele Möglichkeiten, Schmuck zu zeigen, vom intimen Goldkettchen um den Bauch bis zum schmückenden Aufkleber am Autofenster oder Reisekoffer.

Es gibt aber nur wenige Motive, die die Menschen dazu animieren, den eigenen Körper von Kopf bis Fuß und den eigenen Besitz von der Bettwäsche bis zum Autorad mit Schmuck zu verzieren. Dasselbe Motiv, dasselbe Geltungsbedürfnis kann bei einer Frau den Wunsch auslösen, unter eingesticktem Monogramm zu schlafen, und einen Mann darauf stolz machen, sein Auto mit einer ganzen Reihe von Scheinwerfern und bunten Aufklebern aus aller Herren Länder zu garnieren.

Wenn sich einer in Afrika ein Stäbchen durch die Nase stößt, in Indien einen Brillanten in den Nasenflügel klemmt oder wenn andere Menschen auf einem anderen Kontinent sich einen Siegelring an den Finger stecken, kann das genau demselben Motiv entspringen. Auch beim Schmuck als Signal der Persönlichkeit geht es uns nicht um eine Qualifikation des Gegenstandes, sondern um die Motivation des Besitzers.

Motive

Siegelring

Schmuck dient keinem Funktionszweck. Selbst wenn man einen Nutzen unterschieben wollte und behauptet, das Wäschemonogramm schließe Verwechslungen aus, die Klaviatur von Autoscheinwerfern diene einer raffinierten Ausleuchtung der Straße und der Siegelring könne zum Versiegeln benützt werden, wird kaum jemand glauben, daß das der wahre Grund zum Erwerb des Schmucks gewesen sei. Gerade die Nutzlosigkeit und technische Zwecklosigkeit allen Schmuckes macht ihn zu einem besonders ergiebigen Ausdruckssignal der Persönlichkeit, da er für keinen funktionellen Zweck ausgewählt wird. Da aber gerade bei allem, was man erwirbt, um sich zu schmükken, die Auswahl mit besonderer Sensibilität und Aufmerksamkeit darauf gerichtet ist, ob der Gegenstand »schön« sei, also mit dem eigenen Geschmacksanspruch übereinstimmt, enthüllt die Art des Schmucks die Weise des sensiblen, erotischen Erlebens.

Die Sensibilität und Erotik zählen deshalb zum Intimbereich, weil sie Erwartungen und Beziehungen umfassen, die man am wenigsten einer Kritik oder Benachteiligung aussetzen möchte. Im erotischen Verhalten und in gleicher Weise beim Auswählen des Schmucks geht es um das Ideal der emotionalen Übereinstimmung. Was

Siegelring

Ausdrucks-signal

sich im intimen Bereich als Erotik ausdrückt,
kann sich demzufolge in der Einstellung zum
Schmuck widerspiegeln. Dadurch wird der
Schmuck zum erotischen Persönlichkeitssignal
und zur erotischen Aussage.

erotische
Aussage

Schmücken kann man die Umwelt, die Arbeits-
stelle und besonders die Wohnung.
Auch Gegenstände, die eigentlich dem Gebrauch dienen, wie die Armbanduhr, die Handtasche, der Reisekoffer oder das Auto, können
nach Belieben zum Schmuckgegenstand umfunktioniert werden.
Ein dritter Bereich ist das Schmücken der eigenen Person mit Kleidern und mit Schmuckge-
genständen.
Ein vierter Bereich ist das Schmücken des eigenen Körpers mit Farbe: das Färben der Haare,
das Make-up, die Sonnenbräunung und das
Lackieren der Finger- und Zehennägel.
In jedem der vier Bereiche stellen sich die einzelnen Menschen verschiedenartig ein. Bei der
einen ist das Make-up perfekt, die Kleidung
unordentlich, und die Wohnung bietet das
Durcheinander eines Schlachtfeldes. Bei der
Hausfrau von Gottes Gnaden ist die Wohnung
perfekt, ihre Kleidung besteht aus Geschmack-
losigkeiten und ihr Make-up aus einer sauren
Miene.

Schmuck-
gegenstände

In diesem Abschnitt beschränken wir uns auf den Schmuck des dritten Bereiches, auf die Schmuckgegenstände, die dekorativ angezogen werden.

Aber auch hier muß man unterscheiden, welcher Körperteil mit welchem Schmuck dekoriert wird. Dasselbe Goldkettchen sagt etwas anderes aus, wenn es den Hals, das Handgelenk, den Bauch oder das Fußgelenk ziert. Derselbe Brillantring ändert seine Bedeutung, wenn er auf dem Ringfinger oder auf dem kleinen Finger steckt und wenn er dort allein ist oder neben einem eitlen Bruder sitzt.

Körperschmuck

Ohrklipse
Halsband

Armband

Fußgelenk
Fingerring

Körperschmuck betont einen ganzen Körperbereich und nicht nur die geschmückte Körperstelle. Ohrklipse heben nicht das Ohr hervor, sondern rahmen das Gesicht ein. Ein Halsband betont nicht den Hals, sondern hebt den Kopf hervor. Ein Armband zieht den Blick nicht auf das Handgelenk, sondern auf den Unterarm. Ein Kettchen am Fußgelenk lenkt den Blick auf die Region der Beine. Der Fingerring bringt die ganze Hand ins Blickfeld. Jeder Finger hat eine andere Ausdrucksbedeutung. Je nachdem an welchem Finger der Ring steckt, ändert sich deshalb auch die Signal-Bedeutung.

Der Ringfinger liegt mit passiver Indifferenz zwischen dem längeren und souveränen Mittelfinger und dem zum Seitensprung bereiten, kleinen Finger. Der Ringfinger repräsentiert den empfindsamen Gemütsbereich. Wird er mit einem Ehering beringt, dann wird der Ehestand als Zustand hingenommen. Wird der Ringfinger mit einem Schmuckring dekoriert, bezieht sich seine Ausdruckscharakteristik und die Aussage des Ringes auf den Bereich der gemüthaften Gefühle. Ist der Ring klein, konventionell mit dekorativen Zufallsformen verziert, drängt sich die Vermutung auf, daß auch die gemüthafte Einstellung zum Liebespartner undifferenziert und klischeehaft sei. Ist der Ring, am Ringfinger groß, überladen verziert und provozierend auffällig, kann man annehmen, daß auch die Gefühlshaltung überschwenglich oder gar hysterisch sei. Derselbe Ring, am Mittelfinger getragen, würde diese Charakteristik noch bedeutend steigern und dramatisieren, denn der Mittelfinger repräsentiert den Bereich des Selbstgefühls. Der Zeigefinger, der beim Reden so oft zum gestischen Akteur wird, ist Ausdruck der zielstrebigen Willenshaltung, der initiativen Aktion. Wer den Zeigefinger mit einem Ring schmückt, dekoriert seine Willensimpulse und wird vermutlich selbstherrlich und anmaßend sein (Heinrich VIII., Richelieu). Der kleine Finger als

Ringfinger

Mittelfinger

Zeigefinger

kleiner Finger

Außenseiter läßt sich leicht abspreizen. Er springt leicht seitwärts und macht seine Extratouren. Solche erotischen oder geistigen Seitensprünge können kapriziös oder originell sein. Wer den kleinen Finger schmückt, zeigt mit dem Ausdrucksmittel der Ringe, auf welche Art er seine persönliche Besonderheit ausleben möchte. Trägt jemand einen konventionellen, goldgefaßten Brillanten, strebt er nach einer besonders hervorstechenden, gesellschaftlichen Geltung. Trägt eine junge Frau mehrere, ästhetisch auserlesene, aufeinander abgestimmte, unkonventionelle Ringe am kleinen Finger, darf man annehmen, daß sie originelle Anregungen sucht und dem ästhetisch Reizvollen und Besonderen mit Neugier nachgeht und dabei viele neue Eindrücke mit sensibler Aufmerksamkeit aufnimmt.

Bauch Was für ein Signal ist das Goldkettchen um den Bauch und um das Fußgelenk? Mannequins geben manchmal vor, sie tragen das Goldkettchen um die Hüfte, damit sie jede Veränderung ihres Umfanges und Gewichtes sofort registrieren können. Aber das Fleisch ist nicht das einzige, was damit in Ketten gelegt wird. Auch der lüsterne Blick soll angebunden werden, und das Spiel der Entblößung soll auf seinem Höhepunkt festgehalten werden. Die

Goldkette, als dekoratives Symbol der schamhaften Umhüllung, übt seinen koketten Reiz
aus. Die Goldkette am Fußgelenk ist kein Ge   Fußgelenk
heimzeichen für lesbische Beziehungen oder
Bindungen, wie von manchen angenommen
wird. Sie ist aber ein Signal für eine voll entfaltete, den ganzen Leib umfassende, sexuelle
Körperbewußtheit. Wer nicht nur Gesicht und
Hände, sondern auch Beine und Füße pflegt
und schmückt, der lebt nicht nur mit Kopf
und Sexualorgan, sondern sein ganzer Körper
ist sensibles Lustorgan.
Fragt man nach den Motiven, warum sich
Menschen schmücken, muß man auch fragen,
warum sich andere nicht schmücken. Geschmückt und geschminkt möchten die einen
vor ihrer Umwelt erscheinen, die anderen wollen ungeschmückt vor ihr auftreten.
Die ersten, bei unseren Kulturgewohnheiten
in erster Linie die Frauen, möchten sich mit
dem emotional ansprechenden Reizmittel des
Schmucks als Persönlichkeit vorstellen. Die   Persönlichkeit
zweite, ungeschmückte Gruppe will ohne dieses materielle Signal als Persönlichkeit gelten.
Handwerker und Geschäftsleute nehmen dem
äußeren Erscheinen nach eine sachlich funktionelle Haltung ein. Gegen diese nüchterne Busineßfassade stellen sich die reich dekorierten

Hippies mit ihrer Gefühls-Ideologie in Gegensatz.

Betont schmucklos ist der lustverleugnende Mönch. Zwanghaft, nur mit einer Krawatte geschmückt, ist die dürre Beamtenseele. Der Blaustrumpf, der sich unattraktiv fühlt, meidet in selbstverleugnerischer Konsequenz auch den Schmuck.

Frauen, die sich verlassen oder betrogen fühlen oder keinen ihre Ansprüche befriedigenden Partner haben, verspüren keine Lust, sich mit dem äußerlichen Mittel des Schmucks attraktiv zu machen. Die glitzernde Garnitur wird aber hervorgeholt, sobald sich eine neue Verliebtheit oder die innere Bereitschaft dazu einstellt.

Schmuck-Motive

Wer seine persönliche Erscheinung mit Schmuck dekoriert, kann aus vier verschiedenartigen Motiven seine intim erotische Erlebnisweise unbewußt nach außen zeigen:

1. Streben nach Geborgenheit,
2. Streben nach Prestige,
3. Streben nach sexuellen Reizen,
4. Streben nach dem Ideal der Schönheit und Übereinstimmung.

Diese vier völlig verschiedenartigen Motive haben zur Folge, daß dementsprechend auch vier verschiedene Arten von Schmuck ausgewählt und bevorzugt werden. Weil sie andere

Bedürfnisse befriedigen sollen, sehen die vier
Arten des Schmucks nach Material, nach Grö-
ße und Verarbeitung auch anders aus. Bei der
Beurteilung nach Bedürfnismotiven gewinnen
Form und Farbe als Ausdruck emotionaler
Haltungen an Bedeutung, der Kaufwert hinge-
gen ist nur beim Prestige-Schmuck wichtig.

Der Kleinodien-Schmuck,
das Streben nach Geborgenheit
des Blau-Typs (+ 1)

Es ist kein Zufall, daß Schmuck meist klein
ist. Was klein und schwach ist, was wie ein
Säugling umsorgt werden muß, bedarf der be-
hutsamen, liebevollen Aufmerksamkeit. Genau diese emotionale Haltung wenden jene
Menschen dem Schmuck zu, die in ihm das
liebenswerte Kleinod sehen möchten. Sie su-   Kleinod
chen und bewundern jenen Schmuck, der den
Eindruck erweckt, daß er mit sehr viel Liebe,
mit unendlicher Mühe und Geduld hergestellt
worden sei. Das ist vorzugsweise bei antikem
und traditionellem Schmuck der Fall, der mit
viel Formgefühl, technischem Können und Ar-

beitsaufwand gestaltet wurde. Das Liebliche, das Herzige an ihm wird bewundert. Lieblicher Schmuck braucht keineswegs teuer zu sein. Manchmal, besonders im Volkskunsthandwerk, wird er aus Metall, Keramik und Halbedelsteinen oder aus Holz und Fruchtkernen hergestellt. Wem es vor allem darum geht, die investierte Mühe und Liebe, die behutsame Aufmerksamkeit und Geduld an einem Schmuckgegenstandes zu erkennen, der sucht darin die Symbole des Umsorgtseins, der Geborgenheit. Was dem Kind der Teddybär (Ersatz für die Mutterbeziehung), ist dem Erwachsenen das liebliche Kleinod.

Häufige Formen des Kleinod-Schmuckes sind Rundungen, verflochtene Girlanden und Kreise. Die typischen Farben sind Dunkelblau (wie der Saphir) und Dunkelrot (wie der Rubin). Dieser Schmuck wird vorzugsweise in der Nähe des Herzens getragen, meist am Halsband und oft als Brosche auf der Brust. Die Symbolik des Kreuzes (horizontal: Ruhe; vertikal: Stabilität; rechter Winkel: Fixiertheit) stellt die Sicherheit als religiöse Geborgenheit dar. Daher tragen auch Mädchen, deren Lebenswandel so »unchristlich« ist, daß ihr Bedürfnis nach Sicherheit und Geborgenheit besonders groß wird, auffallend oft ein Kreuzchen am Hals.

Kreuz

Der Prestige-Schmuck, das Streben nach Geltung des Grün-Typs (+2)

Teurer Schmuck ist eine kluge Kapitalanlage mit einer Risikoverteilung durch den Mehrfachnutzen. Schmuck als Kapitalanlage hat den Vorteil, daß man zugleich die Gattin beschenken und – wenn man sie reich dekoriert vorführt – an ihr zeigen kann, was man hat und wieviel man hat.

Diese Orgie an Besitzervergnügen hat den Prestige-Schmuck zum Glaubensbekenntnis der High-Snobiety werden lassen. So selbstverständlich, wie der Hund sein Halsband, trägt auch die feine Dame ihre Perlenkette, wenn sie ausgeht. So notwendig wie der Holzzahnstocher im Rollmops, steckt die glitzernde Krawattennadel im Schlips des Gentleman. Schwabblig und massig wie ein Doppelkinn hängt das Goldarmband am Handgelenk. Gelangweilt wie ein Karpfenauge glotzt der Solitär vom Ringfinger in die Runde und hofft, wenigstens mit einem neidischen Blick bewundert zu werden.

Der konventionelle Schmuck, der Ring mit Perle, der Brillantring, der Saphir in brillantenbesetzter Fassung, die goldenen Armbänder und Halsketten sind Signale eines konventio-

Prestige-
Schmuck

nellen Prestige-Anspruchs. Er ist befriedigt, wenn das tägliche »Wie geht's« regelmäßig geliefert wird und wenn hin und wieder dank einem schelmischen »Na, na« auch die Sexbestätigung nicht ausbleibt.

Wenn aber die Meinung besteht, »was klein ist, kann nichts wert sein«, und der Prestige-Anspruch dazu treibt, ganze Körperregionen für den Goldrausch urbar zu machen, werben Hochmut und Geltungsdrang um die Gunst des Zuschauers.

Geltungs-anspruch +2

Prestige-Schmuck ist ein Signal des Geltungsanspruches (+2). Daß aber unter dem Gold- und Brillantenberg stets ein Engerling steckt, der nicht nur Maikäfer, sondern Schmetterling werden möchte und um Anerkennung bibbert, lehrt uns die Kinderschule der Menschenkenntnis.

Prestige will imponieren. Es will den lieben Mitmenschen unter die Nase reiben: Ich bin, was du nicht bist, oder ich habe, was du nicht hast. Dazu braucht man kein Königsschloß, das man sowieso nur zu Hause vorzeigen kann,

Schildchen

sondern bloß ein kleines Schildchen, das im Knopfloch steckt und auf Schritt und Tritt jedem mitteilt, weshalb er ehrfürchtig vor einem in die Knie zu gehen habe.

Schildchen gibt's wie Sand am Meer. Ob Rota-

ry Club, ob Ehrenlegion, ob Fußballklub oder
Sport-, Gesangs- oder Quartierverein: Jeder,
der sich mit einem solchen Prestige-Signal
schmückt, dokumentiert, daß er ein ganz Besonderer sei. Aber trotzdem haben sie alle etwas Gemeinsames: Jeder ist der wichtigste.

Der Reiz-Schmuck, das Streben nach Sex des Rot-Typs (+ 3)

Die fesche Lola, auf die Brust des Seemanns
tätowiert, ist nicht immer Kunst, aber in jedem
Falle Schmuck. Das Lederarmband am Hand-   Lederarmband
gelenk ist nicht immer ein Schutzverband we-
gen einer Sehnenscheidenentzündung, sondern
viel öfter ein schmückendes Gürtelchen an einem betont männlichen Handgelenk, ein
Schmuck-Signal des »harten Mannes«. Stahl-   Stahlkette
ketten am Handgelenk sind nicht Zeichen der
Gefangenschaft, sondern hängen noch wie
Eierschalen am starken Mann, der sich davon
befreien will. Zähne und Fellteile, die am Halse
baumeln, Lederquasten, Flitter und Pailletten,
vielfach auch Pelzkragen und pelzbesetzte Är-   Pelzkragen

mel- und Mantelsäume sind Schmuckgegenstände mit einem sexbetonten Reizcharakter.
Sie unterstreichen entweder, wie Metallketten und Lederartikel, den männlich harten Ausdruck oder sie heben wie Pelze und Flitter den Reiz des Weichen, Verspielten, Anschmiegsamen hervor.

Lederartikel
Flitter

Tätowierung

Der Reiz-Schmuck hat oft wie die Tätowierung oder ein auffälliges Make-up einen provozierenden, die Aufmerksamkeit herausfordernden, oft extravagant auffälligen Charakter. Die Absicht ist nicht, madonnenhaft schön zu sein, sondern zu reizen, zu stimulieren, zu provozieren und scharfzumachen.

Der Gestaltungs-Schmuck, das Streben nach Übereinstimmung des Gelb-Typs (+4)

Als »schön« wird empfunden, womit man übereinstimmt, womit man einverstanden ist. Daher sagt man »schönes Wetter«, »eine schöne Rede«. Ästhetische Schönheit fragt aber nicht nach persönlicher, geschmacklicher

Übereinstimmung mit dem Gegenstand oder der Situation, sondern ob die Gegenstände unter sich harmonieren.

Ästhetisch schön ist ein Bild, dessen Formen, Farben und ideeller Gehalt übereinstimmen und als Ganzheit harmonieren. Ästhetisch schön kann also das rostige Speichenrad eines Fahrrades sein, das unter einem technisch funktionellen oder unter einem ästhetizistischen, subjektiv geschmacklichen Gesichtspunkt als »unschön« beurteilt werden mag. Besonders der Prestige- und der Reiz-Schmuck laufen mit ihrer provozierenden Extravaganz der ästhetisch gestalteten Übereinstimmung häufig zuwider. **Schönheit**

Schmuck, der um der ästhetischen Gestaltung, um der Gliederung und Harmonie einer Ganzheit willen, ausgewählt wird, bezeichnen wir als ästhetischen Gestaltungsschmuck. Das können Ohrenklipse sein, die man zur Frisur und zum Kleid passend auswählt oder bewußt wegläßt. Das kann ein Gürtel mit entsprechender Schnalle sein, wenn die Farben von Hose und Hemd oder das Kleid eine solche horizontale Gliederungslinie verlangen. **Gestaltungsschmuck**

Eine Armbanduhr, die man wie Schuhe aus Gründen der Nützlichkeit anzieht, kann entweder als technischer Chronometer am Arm hän- **Armbanduhr** gen oder ein Schmuckstück sein, das ihn ziert. Wer mit Brillantenuhr, Solitär oder Perlenkette ins Segelboot oder in den Sattel steigt, mag für Wind oder Pferd Verständnis haben, für Schmuck hat er wahrscheinlich keines.

Wer Schmuck verwendet, um sich ästhetisch gestaltend zu schmücken, also wie bei der eleganten Kleidung passend Ausgewähltes zusammenstellt und mit persönlicher Originalität als Ganzes gestaltet, dem geht es um Schönheit, um das Ideal der Übereinstimmung.

Schönheit

Ästhetisch gestaltete Schönheit ist das Signal für eine Persönlichkeit, die sich für die Umweltreize mit hoher Sensibilität offenhält und bestrebt ist, ihre Empfindungen unter dem Ideal der Übereinstimmung zu ordnen. Dieses Ideal

»Engagierte«

verfolgen »Engagierte« gerade nicht. Wenn sie engagierte Aussagen machen und zum Beispiel Sozialkritik formulieren, Helden zurechtkneten oder mit Sengen und Brennen gegen den Ästhetizismus der »heilen Welt« Sturm laufen, dann formulieren sie ihre persönliche Stellungnahme zur Welt. Das ist ihr Thema – und fast immer auch ihr eigenes Problem.

Redensarten als Ausdruck emotionaler Haltungen

»Man kann eigentlich im Grunde genommen viel sagen, ohne praktisch irgend etwas zu sagen. Oder nicht?« Der langen Rede kurzer Sinn wird vom Informationstheoretiker gemessen. Alles, was Sinn hat, nennt er Bit. Nimmt man aus einer langen Rede heraus, was Bit und Informationssinn hat, bleibt das Blabla-Geräusch übrig. Dieses heißt Redundanz. Gerade die sich ständig wiederholenden, informationslosen Füllwörter und Redensarten »nicht wahr«, »sozusagen«, gehören zu den aufschlußreichsten Signalen, weil sie die emotionale Haltung eines Menschen genau widerspiegeln. In wenigen Sätzen können sich bestimmte verräterische Ausdrücke so oft wiederholen, daß man überraschend schnell in seine Denk- und Erlebnisweise Einsicht gewinnt.

Füllwörter
Redensarten

Das Ja und das Nein können in Äußerungen verkleidet auftreten, die viel mehr von der Erlebnisart eines Menschen offenbaren, als seine bejahende oder verneinende Stellungnahme aussagt. Die Frage, ob eine Filmaufführung gefallen habe, kann mit »Ja« oder mit »irrsinnig gut«, sie kann mit »Nein« oder mit »solch ein Quatsch« beantwortet werden.

Die Bejahung und die Verneinung können auf verschiedenen Affektstufen ausgedrückt werden. Das sachliche »Ja« kann zum betonten und bestätigenden »Jawohl«, »Genau«, »Richtig« werden. Auf einer dritten Stufe wird die Bejahung zur lobenden Qualifikation, mit der man den anderen ermuntern will, »prima«, »sehr gut«, »ausgezeichnet«. Von der dritten zur vierten Stufe, von »sehr gut« zu »wunderbar«, wird eine wesentliche Schwelle überschritten. Nach der lobenden Qualifikation, die immer noch sachbezogen gemeint ist, folgt eine Stufe, die vor allem die eigene Ergriffenheit zum Ausdruck bringen möchte: »herrlich«, »unbeschreiblich«, »wunderbar«, »gewaltig« oder »phantastisch«. Mit der höchsten Affektstufe der Bejahung will man dem anderen mitteilen, daß man völlig überwältigt ist und somit zu den allerintensivsten Gefühlen fähig sei; man findet etwas »irrsinnig toll«, »wahnsinnig«, »verrückt« und »unheimlich«. (Diese bejahenden Einstellungen entsprechen den Funktionen +.)

Bejahung

Verneinung Auch die Verneinung (die Funktion −) kann in fünf Affektstufen auftreten. Das sachliche Nein kann zur kritischen Beurteilung gesteigert werden: »falsch«, »stimmt nicht« oder »ausgeschlossen«. Auf der dritten Stufe wird es zur Disqualifikation: »schlecht«, »unvernünftig«, »ungeschickt« oder »dumm«. Auch bei der Verneinung bildet der Übergang von der dritten zur vierten Stufe eine wichtige Schwelle. Auch hier schlägt die sachbezogene Qualifikation um und drückt die subjektive Ergriffenheit aus. Anstelle der Disqualifikation »schlecht«, »unvernünftig« tritt die Affektstufe der Empörung: »absoluter Unsinn«, »absolut indiskutabel«, »fürchterlich«, »gräßlich«, »grauenhaft«, »entsetzlich«, »scheußlich«, »faule Sache«. Empört man sich in der feinen Manier, so verlegt man die Betonung auf »sehr«, »sehr unangenehm«. Auf der fünften und höchsten Affektstufe äußert sich die Verneinung als Widerwille. Mit »Quatsch«, »Scheiße« und ähnlichen Stilübungen wird dem Unmut Ausdruck verliehen. Die Häufigkeit dieses Wortgebrauchs, die Monotonie der Unflätigkeit mindert die affektive Haltung nicht, sondern zeigt, daß die widerwillige Haltung zur Lebenshaltung geworden ist.

Aus der Wiederholung der informationslosen Affektwörter erkennt man sehr schnell, auf welcher Affektstufe jemand eingerastet ist. Die emotionale Haltung kann, wie bei einem Fieberthermometer, auf einer Skala von $+5$ bis -5, von »irrsinnig toll« bis »Quatsch«, leicht abgelesen werden. Die affektive Haltung kann aber von einem Umweltsbereich zum anderen verschiedenartig sein. Ein Geschäftsmann, der

Affektwörter

die Arbeitsbereitschaft seiner Angestellten mit
Tadel anzuspornen und mit Lob zu ölen sich
bemüht, liebt es, mit Qualifikationen wie » sehr
unangenehm « und » sehr gut « umzugehen. Zu
Hause aber, wo er sich die Zeitung wie eine
hochgezogene Zugbrücke vors Gesicht hält,
preßt er statt einem artikulierten Ja ein näseln-
des » ö « zwischen Zähnen und Lippen heraus;
sein Nein tut er durch » öö « kund. Bei der
Freundin aber klettert das Affektthermometer
hoch. Da findet er alles » wunderbar « und » unheimlich gut «. Wenn er hier aber enttäuscht
wird, kommt es ihm » entsetzlich «, » erschüt-
ternd « und » grauenhaft « vor.

Wenn man Gelegenheit hat, einen Menschen
zu beobachten, der in demselben Bezugsbe-
reich das eine Mal affektiv bejaht, das andere
Mal affektiv verneint, kann man meist feststel-
len, daß beide Affektäußerungen (die $+$ - und
die $-$ -Funktionen) auf der entsprechenden,
gleichwertigen Intensitätsstufe stehen.

Wer mit » jawohl « bestätigt, sagt ebenso bestimmt » kommt nicht in Frage «. Wer mit » ausgezeichnet « sein Lob ausspricht, disqualifiziert
auf derselben dritten Affektstufe mit » dumm «,
» unvernünftig «. Wer seine Ergriffenheit und
sein Entzücken mit » traumhaft «, » unbeschreiblich herrlich « kundgibt, negiert auch

(Marginalie) Affekt-
äußerungen
Intensitätsstufe

auf der vierten Affektstufe. Er erlebt die Enttäuschung als »fürchterlich«, »gräßlich«, »er-
schütternd«, »scheußlich« und findet »ganz
unmöglich«, was ihm widerfahren ist. Wer sich
auf der 5. Affektstufe von den Gefühlen über-
wältigen lassen möchte und es deswegen »irrsinnig toll«, »wahnsinnig schön« findet, dessen Affekte schlagen in Widerwillen um, wenn
sie enttäuscht werden: »es kotzt mich an«,
»verdammter Quatsch«, »Scheiße«.
Nachfolgend sind die fünf Affektstufen der Bejahung und der Verneinung mit Wortbeispielen
in einer Übersicht einander gegenübergestellt.
Zwischen der Bejahung und Verneinung steht
die Unentschiedenheit. Sie kann affektfrei und   Unentschieden-
sachbezogen sein, »vielleicht«, »es kommt   heit
darauf an«. Jedoch die scheinbare Unentschiedenheit »ich weiß nicht, aber« ist als Ausdruck
einer emotionalen Haltung ein aufschlußrei-
ches Signal. Wer sagt: »Ich weiß nicht, aber
ich finde, daß...«, der weiß sehr wohl, was seine
Meinung ist, aber er befürchtet, daß man ihm
nicht recht geben wird und daß man seine
Meinung weder teilen noch bestätigen werde.
»Eure Rede sei ja, ja, nein, nein« will sagen,
daß man aus einem affektfreien Selbstgefühl
eine entschiedene Haltung einnehmen soll:
»Ja, es ist zweckmäßig« oder: »Nein, es ist

Stufe	Bejahung	Verneinung
1	affektfrei: ja	affektfrei: nein
2	Bestätigung: jawohl genau richtig in Ordnung einverstanden o.k. klar	Kritik: auf keinen Fall stimmt nicht falsch nicht möglich kommt nicht in Frage ausgeschlossen niemals
3	lobende Qualifikation: sehr gut dufte prima ausgezeichnet hervorragend großartig	Disqualifikation: schlecht miserabel minderwertig unvernünftig dumm dilettantisch
4	Ergriffenheit: herrlich wunderbar traumhaft fabelhaft sagenhaft phantastisch unbeschreiblich gewaltig himmlisch	Empörung: dämlich sehr unangenehm ganz unmöglich absolut indiskutabel gräßlich fürchterlich entsetzlich grauenhaft verdammt
5	Überwältigung: unheimlich wahnsinnig irrsinnig toll	Widerwille: Quatsch Scheiße Leckmich

unzweckmäßig.« Dem Menschen wurden aber zwei Ohren gegeben, damit er aus all dem Redundanz-Gerede heraushören kann, was einen Bit-Sinn hat und was bloß als Schaumstoff geschwatzt wird, um das Selbstgefühl auszupolstern. Hinter Affekturteilen wie »irrsinnig toll« oder »absoluter Quatsch« steht die Selbstbewunderung; und nichts als Selbstbestätigung bezwecken die Lassowürfe nach dem Zuhörer, den man sich als bestätigenden Kopfnicker verdingen möchte. »Nicht wahr?!«, »Verstehen Sie?!«, »Begreifen Sie?!«, »Oder nicht?!« und die mundartlichen »Gell oder gelt?!« oder »Na!«, »He?!« sind nichts anderes als die schamlose Aufforderung, man solle all die banalen Äußerungen mit der Bestätigung »Völlig richtig, Sie kluger Mensch« quittieren.

Während das Idol-Ich sich in seinen Affekten selbst bespiegelt und bestätigt, »Das finde ich irrsinnig toll«, angelt die Idol-Rolle mit diesen Scheinfragen »Verstehen Sie?!«, »Nicht wahr?!«, »Oder?!« nach Bestätigung beim Zuhörer.

Auch wer eine verneinende, defensive Rolle spielt, will sich Bestätigung einhandeln. Da man aber nicht erwarten kann, daß man mit der Verneinung oder Ablehnung begeisterte

Selbst-
bewunderung
Selbst-
bestätigung

Zustimmung findet, nimmt man die objektive
Notwendigkeit in Anspruch. Man sagt nicht:
»Ich will nicht«, sondern: »Es geht nicht.«
In einer ameisenhaften Gesellschaft, wo der
Direktor dieselbe Fließbandmentalität hat wie
die Akkordarbeiterin, sagt keiner: »Ich will
nicht, denn es lohnt sich für mich nicht«, sondern: »Ich habe keine Zeit.« Wer will, findet
Zeit, denn sie steht dem Top-Manager mit den-
selben 24 Stunden pro Tag wie dem Mönch
im Kloster zur Verfügung. Die Zeit als objekti-
ves Maß wird als Ausrede für das subjektive
Nicht-Wollen herangezogen.

Zeit als Ausrede

Selbstgefühl (affektfrei)	Umweltbezug (sachbezogen)
»Ja.«	»Es ist zweckmäßig.«
»Nein.«	»Es ist unzweckmäßig.«
Idol-Ich + (Selbstbestätigung)	Idol-Rolle + (Die Meinung soll bestätigt werden)
»Irrsinnig toll.«	»Verstehen Sie?!«
»Unheimlich gut.«	»Nicht wahr?!«
	»Wissen Sie!«
	»Begreifen Sie!«
Angst-Ich − (Abwehr der eigenen Hilflosigkeit)	Defensiv-Rolle − (Die Verneinung soll bestätigt werden)
»Absoluter Quatsch.«	»Es geht nicht.«
	»Ich habe keine Zeit.«

Menschen, die ohne äußere Auffälligkeit zunächst in anonymer Dunkelheit bleiben, werden wie durch ein Blitzlichtfoto klar und deutlich erkennbar, wenn sie ihre emotionale Haltung und ihre geheime Lebensphilosophie durch Redensarten entblößen.

Redensarten

Die Äußerung »Es kommt doch, wie es muß« oder »Da kann man nichts machen« ist leicht als Resignation einer ich-schwachen Schnekkenkreatur zu erkennen.

Was aber besagen die von bestimmten Menschen häufig verwendeten emotionalen Füllwörter »natürlich«, »sicher«, »eigentlich«, »irgendwie«? Wer solche Wortsignale einmal durchdacht hat, hört sie aus jedem Gespräch heraus und versteht sie als »Fingerabdrücke« der Persönlichkeit. Statt sie in ihrer oft komplexen Struktur systematisch zu analysieren, ordnen wir sie in zwei grobe Hauptgruppen, in Ausdrücke der Selbstbehauptung und Selbstbestätigung und in Ausdrücke der Selbstunsicherheit und der Selbstentschuldigung.

Wortsignale

Hinter dem häufigen Gebrauch von »natürlich«, »selbstverständlich«, »selbstverständlich habe ich daran gedacht« oder »natürlich habe ich ihm dann eine Ohrfeige gegeben« steckt eine defensive Selbstbehauptung (+2). Es versteht sich nicht von selbst, daß ich daran

»selbstverständlich«

denke, und es ist keine Notwendigkeit der Natur, daß ich ihm eine Ohrfeige gebe. » Natürlich« und » selbstverständlich« werden dann gebraucht, wenn man Kritik erwartet und sich schon im voraus gegen sie verwahren will ($+2 -3$).

» Grundsätzlich«   » Grundsätzlich«, » Ich möchte noch eine grundsätzliche Bemerkung machen«, wer zu solchen Grundsatzerklärungen neigt, will als hoher Richter das zusammenfassende, richtungsweisende Urteil abgeben. Hier wird die Selbstbehauptung zur dünkelhaften Überheblichkeit ($+2 -4$).

» Im Grunde genommen«   » Im Grunde genommen«, » eigentlich«, » an und für sich« verrät eine bescheidenere, auf Objektivität ausgerichtete Urteilshaltung. Wenn sich eine Studentin über die Begegnung mit einem Kommilitonen freut und sagt: » Eigentlich habe ich von drei bis vier Vorlesung«, so will sie zu verstehen geben: Objektiv richtig wäre es, daß ich die Vorlesung besuche; falls du aber für mich Zeit hättest, würde ich der Möglichkeit, mit dir zusammen zu sein, den Vorzug geben.

» eigentlich«   Worte wie » eigentlich« (» Eigentlich müßte man etwas dagegen tun«), die von besonnenen, kritischen Menschen oft eingefügt werden, besagen » zusammenfassend halte ich es – das, was eigentlich ist – für objektiv richtig, im Gegensatz zur anderen Möglichkeit«. Wer die anderen Möglichkeiten dem »objektiv Richtigen« kritisch gegenüberstellt, orientiert sich an idealen Zielsetzungen und ethischen Forderungen.

»Ganz einfach« ist der bevorzugte Ausdruck von Menschen, die sich einreden müssen, daß sie sich behaupten (+2) und durchsetzen können. »Dann frag ich ihn ganz einfach, was ich machen soll.« Von der eigenen Zuversicht aufgemuntert, rudern sie ihr Boot durchs Leben.   »Ganz einfach«

»Ehrlich« und »echt« sind die Lieblingswörter der vielen Zeitgenossen, die ihren sinnlos funktionierenden Alltag als Selbstbetrug durchschaut haben und wegen dieser Lebenslüge ihre eigene Glaubwürdigkeit bezweifeln. Das Essen schmeckt ihnen »ehrlich« gut, den Wein finden   »ehrlich«
sie »echt« köstlich und der Käse paßt »im   »echt«
Ernst« dazu. Sie sind »ohne Sprüche zu ma-   »im Ernst«
chen« »ehrlich«, »echt« und »im Ernst« begeistert. Sie sind es offenbar, denn ihre Signalwörter bestätigen: »Meine Aussage entspricht in diesem Falle auch meiner Überzeugung.« Sonst aber widerspricht ihre Lebensweise ihrer Überzeugung. Und das ist »ehrlich«, »echt«, »im Ernst« zu bedauern.

»sozusagen«   Es gibt eine Anzahl Signalwörter, die Unsicher-
»oder so«   heit oder Selbstunsicherheit ausdrücken, wie
               »in etwa«, »irgendwie«, »sozusagen«, »gewis-
               sermaßen«, »oder so«. Wer solche Wörter oft
               in seine Reden einfügt, verrät, daß er über et-
               was spricht oder urteilt, von dem er weiß, daß
               er es nicht genau kennt und daß er dafür auch
               nicht zuständig ist. »Das wird sich dann tech-
irgendwie   nisch irgendwie lösen lassen«, »In etwa kann
               man sich vorstellen, was dann passiert«, »Das
gewissermaßen ist gewissermaßen sicher«. Diesen großmäuli-
               gen Warmluftventilatoren ($+4 -2$) geht man
               am besten aus dem Wind. »Sicher« ist das
sicher   Heftpflaster für die Unsicherheit. »Sicher ist
               morgen schönes Wetter.« »Es wird sicher nicht
               so schlimm sein.« Wer die eigenen und die
               Zweifel anderer beschwichtigen möchte, deckt
               seine Unsicherheit (-2) durch die verräteri-
               sche Beteuerung »sicher« ($+2$) auf.
»praktisch«   »Praktisch« ist das Lieblingswort der Men-
               schen, die sich im theoretisch-intellektuellen
               Begreifen unsicher fühlen. Die Ausführungen
               über die Leistung und Funktion eines Appara-
               tes fassen sie in genialischer Kürze zusammen,
               »Dann muß ich praktisch nur an diesem Knopf
               drehen«. Wenn öfter und unnötig »praktisch«
               in die Rede eingeflochten wird, besagt das: Ich
               verstehe es im einzelnen nicht, mir fehlt die

Fähigkeit zur Einsicht. Oft sind es Menschen, die deshalb impulsiv handeln $(+3 \quad -2)$.

»Na ja« oder »nun ja« ist das resignierte Amen eines Menschen, der glaubt zu wissen, was getan werden müßte, der aber an die praktische Durchführbarkeit nicht glaubt $(+1 \quad -3)$.   »nun ja«

»Es ist halt so« bedeutet, daß man sich mit einer gegebenen Situation bedauerlicherweise abfinden muß $(+1 \quad -2)$, »Er ist halt ein Skorpion«, »Ich bin halt eine Frau«.   »Es ist halt so«

»Eben«, »Er ist eben Skorpion«, »Ich bin eben eine Frau« bedeutet jedoch, daß die gegebene Situation das Verhalten rechtfertige $(+4 \quad -2)$. Die vordergründige, scheinbare Unsicherheit, die taktische Selbstentschuldigung, kann aber auch Ausdruck der Selbstbewunderung und des Hochmutes sein. Endlich kommt der Gernegroß aus seinem Büro, faßt mit betonter Herzlichkeit des Besuchers Hand und Ellbogen: »Sie müssen vielmals entschuldigen, aber ich hatte noch einen Anruf aus dem Ausland.« Selbst wenn man jedem gerne zugesteht, daß er beim Nasenbohren allein gelassen werden möchte, ist die fordernde Bitte »Sie müssen vielmals entschuldigen« in jedem Einzelfalle, besonders aber, wenn sie häufig vorgebracht wird, eine herablassende Schein-Entschuldigung eines Menschen, der sich ob seiner Wich-   »eben«

»Sie müssen vielmals entschuldigen«

tigkeit bewundert. Ein Mensch, der so instän-
dig um Nachsicht bittet, der sich alle Mühe
gegeben hat und dennoch unabkömmlich war,
der muß eine sehr bedeutende Persönlichkeit
sein. Nicht um entschuldigt zu werden, sondern
um bewundert zu werden, wird diese devote
Bitte vorgebracht.

Ich würde meinen

»Ich würde meinen, daß...«, so vorsichtig und
so tolerant, aber auch so mechanisch und
zwanghaft äußert sich eine Vielzahl der geistigen Dachstockbewohner. Es ist nicht leicht,
unter diesen Menschen eine geistige Persönlichkeit zu finden, die eine Meinung hat und
zugibt, daß sie richtig oder falsch sein kann.
»Ich würde meinen, daß zwei mal zwei vier
ist.« Die emotionale Haltung der Redeweise
»Ich würde meinen« gibt neben der vorder-
gründigen Selbstverleugnung Einblick in eine
anmaßende Überschätzung der eigenen Meinung, weil man sie als objektive Sicht bewertet.
»Ich würde meinen, daß...« besagt: »Ich in
meiner bescheidenen Person will subjektiv
nichts behaupten, aber objektiv sehe ich es so,
wie ich es jetzt darstelle.« Das bedeutet also:
Ich äußere nicht eine persönliche Stellungnahme, sondern urteile im Namen der Objektivität.
Bei dem »ich würde« kann man außerdem die
Möglichkeit zum feigen Rückzieher nicht über-

hören:»Sollte das Urteil wider Erwarten falsch
sein, so habe ich meine Glaubwürdigkeit dennoch nicht eingebüßt.«

Die Verflechtung von scheinbarer Toleranz
(-2) mit der Anmaßung von Objektivität $(+2)$
und der Möglichkeit zu opportunistischer Ausflucht (-2) lassen bei dieser verbreiteten Re-
densart eine oft eitle oder diplomatische, emotionale Haltung vermuten.

»Nämlich«,»Ich bin nämlich die Freundin Ih-   nämlich
res Gatten«,»Ich habe nämlich kein Geld bei
mir,« bedeutet immer: Was Sie noch nicht
wußten. Offenbarungen, die mit dem Wort
»nämlich«, angekündigt werden, enthalten
aber nicht immer Überraschungen:»Ich bin
nämlich Ihr Chef«,»Ich bin nämlich dein
Mann«. Hier bedeutet »nämlich« nämlich:
Was Sie wissen sollten.

»Ich, als Präsident«,»Ich, als Offizier«, die
Ich-als-Redner geben vor, daß sie aus Bescheidenheit, wie ihr eigener Schatten, am liebsten
immer nur daneben stehen würden, wenn nicht
ihre Als-Rolle sie zwänge, eine wichtige Persönlichkeit zu repräsentieren. Da die meisten
ihre Als-Rolle mit hängender Zunge erklettert
haben, setzen sie sich mit »ich als« in unver-   »ich als«
schämter Bescheidenheit die Krone stets selbst
aufs Haupt.

»Ausgezeichnet,   »Ausgezeichnet, aber...« heißt das Tranchier-
aber«   messer, mit dem schon die alten Römer die
Salami nach der Regel »Divide et impera« in
Scheiben schnitten. Mit dem Lob »ausgezeichnet« erhebt man sich zum Meister, der einem
Schüler sein Wohlwollen bekundet. Von der
schmeichelhaften Anerkennung gegängelt, hält
man das nachfolgende »aber« zunächst für
eine anspornende Kritik und ist erstaunt, wenn
man den Widerspruch samt Ablehnung hinterher wie einen Dolchstoß zwischen den Rippen
stecken hat.

vielleicht   »Das ist vielleicht ein frecher Kerl« heißt nicht,
er sei unter Umständen ein frecher Kerl,
sondern er sei es ohne Frage. Der logische Salto
mit dem »Vielleicht« wirkt unverständlich,
weil die Behauptung sofort wieder in Frage
zu stehen scheint. Mit »vielleicht frech« will
man sagen, die Frechheit sei ungewöhnlich
groß, völlig unerwartet, erstaunlich und überraschend. Der scheinbare, unverständliche Wi-
dersinn wird zum selbstverständlichen Wortsinn, wenn man das »Vielleicht« in den nach
Bestätigung fragenden Nebensatz zurückversetzt. »Das ist vielleicht ein frecher Kerl« ist
die Verkürzung von: »Das ist ein frecher Kerl,
oder finden Sie das vielleicht nicht.« Nur ist
die Position von »vielleicht« widersinnig, weil

es in die Aussage des Hauptsatzes gestellt wird, sonst aber nichts anderes als eine der üblichen Fragen ist, wie »nicht wahr«, »oder nicht«, die dem Zuhörer ein bestätigendes Kopfnicken abgewinnen möchten.

»Ein entzückendes Kleidchen«, beteuert die Verkäuferin. »Ach, wie reizend, daß Sie an meinen Geburtstag gedacht haben«, versichert der Geschäftsmann. »Reizend« und »entzük-kend« sind Eigenschaftswörter, die nicht den Gegenstand oder die Situation qualifizieren, sondern unverhohlen die eigene Ergriffenheit hochspielen. »entzückend«

Wer »reizend« und »entzückend« sagt, kon-statiert nicht nur einen Sachverstand, sondern beteuert demonstrativ, er werde in seinen Ge-fühlen angesprochen und sei ergriffen. Wer lo-bende Beteuerungen, »ein reizendes Kleid-chen«, »eine entzückende Figur« verteilt, um sich beliebt zu machen, nimmt mit diesem be-gütigenden Schulterklopfen eine selbstgefällige Haltung (+2 +4) ein. Im spöttischen Tadel: »Das ist ja reizend« ist diese verborgene Selbst-gefälligkeit deutlich zu erkennen (+2 −3). »reizend«

Auch die lobende Qualifikation auf der dritten Affektstufe, »großartig«, »ausgezeichnet«, »hervorragend«, ist bei regelmäßigem Ge-brauch stets ein Signal für die Selbstbewunde-

»ausgezeichnet«

rung. Nur wer sich als Meister fühlt, kann den anderen wie einen Schüler für seine Leistung mit »ausgezeichnet« oder »hervorragend« (+2 +1) loben.

Verborgene Selbstunsicherheit, die durch autoritäre Intoleranz und sture Selbstbehauptung (+2 −3) überdeckt wird, spricht aus den verabsolutierenden Redeweisen: »auf keinen Fall«, »überhaupt«, »unter allen Umständen«, »absolut indiskutabel«.

»auf keinen Fall«
»überhaupt«
»absolut
indiskutabel«
»auch«

Unscheinbar quängelt sich das Wörtchen »auch«, »ich möchte auch einmal«, »und das Salz hast du auch vergessen«, »Servietten gibt's auch nicht« durch die Sätze der ewig frustrierten Meckerer, die meinen, sie seien im Leben zu kurz gekommen (+2 −1).

Von den einzelnen Wort-Signalen führt der Weg zu Redeweisen, deren Signale nicht weniger deutlich die emotionale Haltung aufdecken.

Der Verkäufer weiß, wie sicher er den bequemen oder unsicheren Kunden mit den Worten fängt: »Ich erledige das für Sie, dann haben Sie nichts mehr damit zu tun.« Die weise Rede: »Man lebt nur einmal«, sagt dem Angesprochenen nichts anderes als »Enthemme Dich«, »Los jetzt!«

Selbst, wenn man jeweils auf die strukturelle Analyse der Signal-Wörter verzichtet, ist es

fruchtbar, ihren Bedeutungsgehalt genau zu
kennen, denn sie decken im Einzelfall die Motivation und bei auffälliger Wiederholung die
verborgene, emotionale Lebenshaltung auf.

Die Sprechweise

Nicht nur die Redensarten, sondern auch die
Sprechweise ist ein Signal, das blitzartig Ein-   Sprechweise
sicht in das Rollenverhalten eines Menschen
gewährt.

Stimmhöhe, Sprechtempo, Lautstärke, Artiku-
lation und Sprechrhythmus sind für jeden
Menschen so einzigartig charakteristisch, daß
man einen Bekannten am Telefon oft an einem
einzigen Wort erkennen kann. Schaltet man
das Radio ein, kann man nach einem halben
Satz erraten, ob ein Pfarrer predigt, selbst wenn
er gerade einen Exkurs über Umweltver-
schmutzung macht.

Die Sprechmelodie kann ohne akustische   Sprechmelodie
Hilfsmittel schwer beschrieben werden, denn
im Anheben, Sinkenlassen und Dehnen der
Endsilben ist deutlich spürbar, welche Rolle
der Sprechende spielen möchte.

Besonders die Art, wie sich jemand am Telefon
meldet, läßt erkennen, welche Erwartungshaltung er hat und als was für eine Art von Persönlichkeit er gelten möchte.

Mienenspiel
Noch deutlicher wird die Rolle, wenn man Gelegenheit hat, auch das Mienenspiel und die
Gestik zu beobachten. Manche zünden sich sogar eine Verlegenheitszigarette an, bevor sie
den Hörer abheben.

Um sich in den Ausdrucksgehalt der Sprechweise einzuhören, kann man zunächst auf die
wichtigen Unterscheidungsmerkmale achten.
Durch deren gegenseitige, paarweise Verbindung kann man 28 verschiedene Sprechweisen
ableiten.

Kriterien
Die acht Kriterien sind:

weich ($+1$)	hart (-1)
leise (-3)	laut ($+3$)
artikuliert ($+2$)	undeutlich (-2)
langsam (-4)	schnell ($+4$)

Der Blau-Typ spricht weich und leise, oft
schlaff.
Der Rot-Typ spricht laut und hart, häufig
schrill.
Der Grün-Typ spricht artikuliert und langsam,
zuweilen stockend.
Der Gelb-Typ spricht schnell und manchmal
undeutlich, fahrig.

Laut und artikuliert (+ 3 + 2) klingt energisch.
Laut und schnell (+3 + 4) klingt dröhnend.
Laut und weich (+ 3 + 1) klingt sonor.
Weich und schnell (+ 1 + 4) klingt beschwingt.
Weich und artikuliert (+ 1 + 2) klingt bedacht-
sam.
Auch die restlichen Sprechstrukturen lassen
sich direkt ableiten. Der Geborgenheitsdrang
(+ 1 — 4) hat eine Sprechweise, die weich (+ 1)
und verhalten langsam (— 4) ist, sie klingt kind-
lich quängelnd, näselnd. Wer aus Angst vor
Mißerfolg sich abwehrend verhält (—3 —2),
spricht leise (—3) und undeutlich (—2), er
nuschelt (—3 —2).

Sprech-
strukturen

Geborgenheits-
drang

Angst

Charakterologie der »kleinen Laster«

»Du sollst nicht« heißt die saure Sauce, die oft über die süße Lust gegossen wird. Gebote wie »Du sollst immer freundlich lächeln« und Verbote wie »Du darfst nicht ehebrechen« bilden die Zaunpfähle, mit denen der Moralist sich das Territorium seines »Über-Ichs« absteckt. Hinter diesen Lust-Barrikaden sucht er Sicherheit und unangefochtene Behaglichkeit. Moralische Standpunkte sind aber fragwürdig, wenn sie nur den Verzicht und nicht die Lust befürworten. Eine derart moralistische Einseitigkeit würde die Vernunft zum Gegenspieler der Lust-Gefühle machen, »Ich möchte gerne, aber ich getraue mich nicht«.

Vernunft

Vernunft und Lust-Gefühl geraten aber in keinen Widerspruch, wenn man beide Wege zu Ende geht; wenn die Vernunft bewußt auf jene Gefühle gerichtet wird, die einen Widerspruch aufspüren, und wenn auch umgekehrt in Beziehungen, die die Vernunft befürwortet, die Gefühle zur Entfaltung gebracht werden. Wer mit Vernunft überlegt, warum und wodurch ein Gefühl des Widerspruchs entsteht, überläßt seine Gefühle keinen trügerischen Illusionen. Wer anderseits den Mut hat, sich in eine Situation einzufühlen, die ihm unverständlich oder widersprüchlich erscheint, entwickelt

eine solch vernünftige Klarheit in seinen Gefühlen, daß für Illusionen kaum Platz bleibt.
Wenn Vernunft und Gefühl sich widerspruchs-
los durchdringen, wenn beide übereinstimmen,
besitzt man die Überzeugung, die zur Entscheidung und zur Handlung befähigt. Dieser

»Reife«   Zustand der »Reife« ist dem Neurotiker
fremd; er kann sich nicht entscheiden. Der reife
Mensch hingegen handelt tatsächlich. Er ist
fähig, die Stelle oder den Beruf zu wechseln,
zu heiraten oder sich scheiden zu lassen. Er
handelt realitätsangemessen. Weil Gefühl und
Vernunft, weil persönliches Bedürfnis und ethi-

Ethik   sche Verantwortung bei ihm übereinstimmen,
lebt er in innerer Harmonie, fühlt er sich glücklich und ist in angemessener Weise erfolgreich.
Stellen hingegen ein dummer Verstand und ein
unsensibles Gefühl Forderungen, geraten sie
unter sich in Widerspruch und erzeugen Angst.
Die Folgen sind schwerwiegend. Der Widerspruch von Vernunft und Gefühl ist ein Widerspruch in sich selbst und gegen sich selbst. Er
verunmöglicht die Selbstverwirklichung als
ethische Verantwortung gegenüber sich selbst
und beeinträchtigt die ethische Verantwortung
gegenüber den anderen, die Offenheit, Ehrlichkeit, die soziale Solidarität gegenüber den Mitmenschen.

Die Charakterologie der »kleinen Laster« will
nicht moralisieren; sie will aufdecken, wo
Angstgefühle und unvernünftige Ansprüche
die Selbstverwirklichung oder die ethische Verantwortung verbarrikadieren.

Wer vorgibt, reich zu sein, hat Angst, als sparsam zu erscheinen. Durch die gespielte Groß-
zügigkeit wird er zum Verschwender. Der unvernünftige Anspruch (+), die Idol-Rolle, und
die unvernünftige Angst (−), die Defensiv-
Rolle, belasten den Menschen als »kleine Laster«. Der unvernünftige Anspruch »Ich will
unbedingt als reich gelten« und die Angst »Ich
will auf keinen Fall als unbegütert erscheinen«
gehören zusammen wie die Außenseite und
die Innenseite eines Handschuhs. Wenn man
einen Handschuh ausziehen möchte, weil er
störend oder lästig ist, kann man aber nicht
nur seine Innenseite abstreifen. Innenseite und
Außenseite, das Gefühl der Angst und der unvernünftige, absolute Anspruch müssen zugleich abgelegt werden.

Unter einem »kleinen Laster« verstehen wir
das, was aus Angst getan wird, wie das Lügen
oder der Konsum von Betäubungsmitteln, und
was aus Angst unterlassen wird, wie die Unfähigkeit, Forderungen zu stellen oder nein zu
sagen. Solches Tun oder Unterlassen, das oft

Laster aus
Angst

gesundheitsschädigend ist, wie Alkoholismus oder Tablettensucht, und manchmal sozial unverantwortlich, wie Lüge oder Aggression, beurteilen wir nur unter dem Gesichtspunkt der Selbstverwirklichung. Die Übereinstimmung zwischen den Bedingungen der Selbstverwirklichung und der moralischen Verantwortung, zwischen Psychologie und Ethik ist kein Zufall, denn die psychischen Grundstrukturen ($= 1, = 2, = 3, = 4$) entsprechen in ihrer sozialen Anwendung den ethischen Grundnormen.

ethische Grundnormen

Die ethischen Grundnormen (Ehrlichkeit, Offenheit, soziale Verantwortung und Respektierung der privaten Integrität) sind die soziale Anwendung der psychischen Grundstrukturen, die jedem Menschen eigen sind. »Gut ist, was optimales Leben fördert, schlecht ist, was es hindert«, diese ethische Grundnorm gilt für die Psychologie der Selbstverwirklichung und in gleicher Weise auch für die soziale Verantwortung.

Selbstverwirklichung Verantwortung

Wer anstelle der realitätsangemessenen Selbstverwirklichung sich in eine Idol-Rolle ($+$) und in eine Defensiv-Rolle ($-$) verstrickt, bringt seine psychischen Grundstrukturen (1, 2, 3, 4) in ein Mißverhältnis. Zwar werden im sozialen Verhalten dadurch noch keine ethischen Normen verletzt, aber die Unlust oder Gereiztheit im zwischenmenschlichen Verkehr bekunden, daß eine Mikro-Kriminalität im emotionalen Bereich stattgefunden hat. Auch im emotionalen Bereich könnte man ethische Normen aufstellen, wie »Du sollst nicht weghören«, »Du sollst kein Interesse vortäuschen«, »Du sollst dich nicht mit taktischem Charme beliebt machen wollen«.

Auch hier wie bei den großen, kleinen und kleinsten Lastern ist die Angst leicht zu erkennen, denn das »Nicht wahr?«, »Verstehst Du?«, »Oder nicht?« ist die ängstliche Frage, ob man ernst genommen werde.

Angst, Abwehr oder Ekel gehört zum Fundament jedes Lasters. »Ekelhaft«, das war die Empfindung, die jeder Kettenraucher hatte, als er die ersten Züge paffte. »Ekelhaft« empfand jeder Säufer den ersten Schluck Alkohol. Bier schmeckt am Anfang widerlich. Schnaps brennt im Hals, bis man sich an den beißenden Geschmack gewöhnt hat. Der Drogensüchtige fühlte sich beim ersten Versuch verunsichert, denn seine Sinne reagierten fremdartig. Dem Opiumraucher ist's nach dem ersten Mal elend zumute.

Ekel

Viele Reize, die zur Sucht entartet sind, wurden am Anfang als Ekel und Widerwille empfunden

und sind nur allmählich überwunden worden.
Was später zur Lust und Sucht geworden ist,
hat am Anfang Angst und Abwehr ausgelöst.
Wer sich zum ersten Mal auf einen Pferderük-
ken wagt, hat meist Angst. Oft geht sie auch
beim leidenschaftlichen Reiter nie ganz weg.
Wer in den Bergen klettert oder seinen Mut
durch Fallschirmspringen beweist, meistert
durch die demonstrative Rolle der Furchtlosig-
keit seine innere Angst.

Den anfänglichen Ekel und die anfängliche
starke Angst zu überwinden und immer wieder
zu überwinden, das erzeugt ein Gefühl der
Stärke und Überlegenheit. So groß wie die
überwundene Angst, so groß ist der Gewinn
an Selbstbestätigung.

Selbstbestäti-
gung

Solche kompensatorische Selbstbestätigung
brauchen Menschen, die unter Angst leiden
oder unbewußt von Angst motiviert sind.
Angst und Selbstbestätigung bilden die beiden
Pole, zwischen denen sich das Laster im Kreise
dreht. Die Drehung in diesem »Teufelskreis«
heißt »Leidenschaft«.

Leidenschaft

Mit Leidenschaft betreiben kann man alles,
was kompensatorische Selbstbestätigung bietet, vom harmlosen Bridge und Kreuzworträtsel bis zum tollkühnen Autorennen, von der
lustlosen Putzwut und Arbeitswut bis zur lieb-

losen Sexwut. Diese Behauptung mag verwundern, weil bei » Lastern « wie Kettenrauchen und Alkoholismus nicht offenkundig ist, welche Angst und welche Selbstbestätigung das Laster in Gang hält. Es scheint aber, daß die anfängliche Überwindung von Angst und Ekel, die ursprünglich als Selbstbestätigung erlebt worden ist, jetzt als Symbolhandlung fortgesetzt und ständig wiederholt wird.

Wie bei jedem anderen Ritus, ob Beten, Weihnachten feiern oder sich zum Gruß die Hand geben, bleibt der emotionale Sinngehalt immer derselbe und läßt sich beliebig oft wiederholen. Er kann sich sogar durch die Wiederholung **Wiederholung** suggestiv intensivieren und bis zum bedingten Reflex steigern. Der Behaglichkeitszustand kann sich deshalb beim Haschischraucher schon einstellen, wenn er nur den Duft riecht.

In diesen ritualen Symbolhandlungen idealisiert man sich zum Helden: »Gestern haben **Symbol-handlung** wir uns schön vollaufen lassen«, oder zum Experten: »Wenn Sie diese Marke nicht führen, trinke ich lieber keinen Whisky.« (Beide Marken werden aus demselben Faß abgefüllt!) »Wenn meine Zigarettenmarke nicht zu haben ist, rauche ich lieber gar nicht.« (Nur 2% der Markenraucher vermögen beim Blindversuch ihre Zigarettenmarke zu erkennen.)

Mit einer scheinbaren Sonderleistung (sich vollaufen lassen; nur eine bestimmte Marke akzeptieren) wird derart geprotzt, daß der Normalverbraucher daneben als Schwächling oder geschmacklich unkultivierter Banause gelten würde. Die anderen verachten, das ist ein zusätzlicher Trick, um sich Selbstbestätigung einzureden.

Die »kleinen Laster« sind Signale der geheimen Angst. Die Art der Laster verraten dem Kundigen, welche Art von Angst sie kompensieren sollen. Der Pfeifenraucher will sich vermutlich von einer anderen Art von Angst befreien als der Kielzigarrenraucher oder der Zigarettenraucher oder der Kopfzigarrenraucher.

Zigaretten-   Der Zigarettenraucher ist der einzige, der den
raucher   Rauch in sich hineinsaugt, um das Gefühl der Leere (-1) auszufüllen. Er inhaliert warmen, prickelnden Rauch in die Lunge.

Unsere Untersuchungen an 6000 Rauchern ergaben, daß diejenigen, die filterlose Zigaretten und starken, dunklen Naturtabak bevorzugen, im Farbtest das dunkle Blau ablehnen. Die Ablehnung des Blau bedeutet »Angst vor der reizlosen Leere und Langeweile«. Das Inhalieren hat offenbar den Sinn, diese Leere mit dem warmen Reiz des Rauches auszufüllen.

Der Pfeifenraucher hingegen, der sich am Pfei- Pfeifenraucher
fenkopf festhält und mit seinen Kultinstrumen-
ten stochert, stopft und anzündet, bevor er sich
zu einer Stellungnahme bequemt, sucht für sein
Selbstgefühl einen festen Halt. Seine Unsicherheit wurzelt in der Angst vor Weite und Verlorenheit (−4). Er hat Angst vor dem Verlust
an Einfluß oder Geltung gegenüber der Umwelt. Besonders peinlich ist ihm deshalb, was
er als gesellschaftliche Zurücksetzung oder als
Blamage auslegt. So wie er sich an der Pfeife
festhält, ist es ihm ein Bedürfnis, sich an ir-
gendeine solide Sicherheit, an einen Gauben
(Gott, Geld oder Gesellschaft) anzuklammern
(−4), um harmonische Ruhe (+1) zu finden.
Der Geborgenheitsdrang (+1 −4), der Hang
zur friedvollen Sicherheit führt die Kinderhand
zur Mutterbrust, die Männerhand zum Pfeifen-
kopf.
Alles andere als ein Geborgenheitslutscher ist
der Raucher der langen, schmalen Kielzigar- Kielzigarren-
ren. Zwischen gepreßten Lippen kaut er, wie raucher
ein anderer am Bleistift, an seinem Blasrohr,
aus dem er wohlgezielte Gedankenpfeile ab-
schießt, meist ohne ein Wort zu sagen. Die
Kielzigarre steckt er sich wie einen Stachel in
den Mund, als ob er sich durch den langen
Dorn abschirmen wollte, damit keiner in sein

Denkrevier einbreche. Aus den Augenwinkeln beobachtet er jede Einzelheit. Als kritischer und schlauer Kopf läßt sich dieser Sherlock Holmes nicht in die Enge treiben. Er will sich und den anderen beweisen, daß er den Ausweg aus jeder Sackgasse findet. Die Selbstbehauptung gegen jede geistige Einengung oder Abhängigkeit (-2) ist die Eigenschaft, die sich im Signal der Kielzigarre ausdrückt.

Zigarrenraucher   Völlig andersartig als der nervös inhalierende Zigarettenraucher verhält sich der Zigarrenraucher. Selbstgefällig schmaucht und pafft er mit dem dicken Lutscher vor sich hin. Er will sich und die anderen überzeugen, daß er sich sein dickes Vergnügen zeitlich und finanziell leisten kann. »Mir kann keiner« oder »Mir können alle«, scheint er zu denken, wenn er sich die dicke Zigarre mit gespreizten Fingern ins Gesicht steckt. Aus Angst vor Überreizung (-3) greift er nach dem glimmenden Schnuller und suggeriert sich eine buddhaähnliche Zufriedenheit, die ihn gegen allen Ärger abschirmen soll. Das Signal der Kopfzigarre demonstriert den Anspruch auf Selbstzufriedenheit.

Alkoholiker   Farbtestuntersuchungen an 200 chronischen
Fettsüchtige   Alkoholikern (*Busch*) und an klinisch behandelten Fettsüchtigen (*Erbslöh, Klar*) ergaben, daß beide Gruppen Gelb ablehnen (-4), also

den Drang haben, bei etwas Festem beziehungsweise Flüssigem den Halt zu suchen (-4) und dadurch Ruhe, Befriedigung, Sättigung und Erfüllung zu finden (Blau: $+1$): Sie »lassen sich vollaufen, bis sie blau sind«. Auch wer sich mit Nahrung, besonders Süßigkeiten füllt, will nichts anderes als das Gefühl der emotionalen Leere (-1) betäuben und sich bis zur psychischen Sattheit füllen. Weil die Leere (-1) oder der enttäuschende Verlust (-4) unerträglichen Kummer bereiten, essen sich diese Menschen Kummerspeck an. Übergewicht ist ein Signal dafür, daß man die Unzufriedenheit mit festen oder flüssigen Ersatzstoffen zu betäuben versucht.

Während der Gatte an der Schreibmaschine oder weltmännisch mit dem Telefonhörer hantiert und nicht genug bekommen kann, sich in seiner Arbeitsroutine werk- und sonntäglich zu bestätigen, zieht die Gattin mit dem Putzlappen wie mit einer Siegesfahne durch die Wohnung, um zu demonstrieren, daß auch sie die Schlacht um die Selbstbestätigung gewinnen will. Aber die geheime Angst, die beide zur Arbeits- beziehungsweise Putzwut treibt, hat in demselben Bett ihre Ursache.

In einem ganz anderen Bett findet die Sexwut statt. Sie will nicht die Arbeit und nicht die

Arbeitswut

Putzwut

Sexwut

Haushaltung, sondern den Partner oder überhaupt das andere Geschlecht »fertigmachen«. Auch dieses Selbstbestätigungsritual hat wie jede andere Leidenschaft seine Ursache in der Angst. Hier ist es die Angst vor der Fremdheit, vor der gemüthaften Beziehungslosigkeit und emotionalen Leere (-1). Sie bewirkt ein agitiertes, unzufriedenes Suchen. Diese sexuellen Begegnungen führen aber zu keiner gemüthaften Beziehung, weil der Zweck in der Selbstbestätigung besteht und sich erfüllt hat, sobald man den Partner »erobert« oder »fertiggemacht hat«.

Selbstbestätigungsritual

Der wiederholte Partnerwechsel und eine Sexualfaszination ohne gemüthafte Verbundenheit sind das Signal für eine oft frühkindliche Störung der gemüthaften Beziehung zur Mutter oder für eine nicht bewältigte frühkindliche Eifersucht gegenüber Geschwistern, die vermeintlich die Liebe der Eltern an sich rissen.

Partnerwechsel

Wer stundenlang und täglich versucht, seine Stereoanlage sich heiser schreien zu lassen, betäubt sich mit Musik, wie sich ein anderer mit Schnaps betrunken macht. Er ignoriert damit ein Angstgefühl. Auch der musikalische Exzeß gehört zu den kleinen Lastern und dient zur Flucht vor einer Angst. Man müßte taub und blind sein, um die stundenlang dröhnende

Betäubung durch Musik

Rock and Roll-Musik nicht als Betäubungs-
mittel zu durchschauen. Man müßte anderer-
seits aber auch ein kastrierter Engel sein, um
allein in gregorianischen Gesängen und Chorä-
len seine musikalische Befriedigung zu finden.
Nicht die Stilrichtung, ob Rock and Roll oder
Blues, ob Wagner, Bach oder Mozart, sondern
die Ausschließlichkeit und der Exzeß, sind Signale für den Musikkonsum, der zum akusti-
schen Laster wird. Wer ausschließlich und ex-
zessiv eine bestimmte musikalische Stilrichtung
konsumiert, betäubt Angst. Welche Art von
Angst, das signalisiert der Ausdruckscharak-
ter, den die Stilrichtung repräsentiert.

Die vier Grundängste, die Angst vor Reizleere,   vier
die Angst vor Überreizung, die Angst vor Enge   Grundängste
und die Angst vor Weite und Verlorenheit, sind
vier verschiedenartige Affekte. Sie drücken sich
auch in verschiedenartigen musikalischen Stilrichtungen aus. Jede Stilrichtung wiederum
umfaßt eine Stufenleiter von einem wenig- bis
zu einem hochdifferenzierten musikalischen
Ausdrucksniveau. Im Gegensatz zur mechani-
schen Ländlermusik steht Bachs »Kunst der
Fuge« auf höchst differenziertem Gestaltungs-
niveau. In der affektiven Stimmungslage haben
beide aber trotzdem eine emotionale Verwandtschaft.

Gestaltungs- niveau Stilrichtung	Am bevorzugten Gestaltungsniveau ist die emotionale Differenziertheit ablesbar, an der Stilrichtung hingegen ist die affektive Stimmungslage erkennbar. Jede musikalische Stilrichtung erzeugt eine bestimmte affektive Stimmungslage und entspricht im Bereich der Sensibilität einer bestimmten emotionalen Haltung. Daher gehört Musik zu den geheimen Verführern bei der Warenhausberieselung, beim Tanz und beim Petting. Daher lassen sich auch die Kriterien der Sex-Signale auf die musikalischen Stilrichtungen übertragen.
Angst vor Leere − 1	Die Angst vor Leere, vor Entbehrung und Langeweile (− 1) äußert sich als Agitiertheit und kommt musikalisch im Rock and Roll am stärksten zum Ausdruck. Eine ebensolche Haltung vermittelt die Ungarische Rhapsodie Nummer 2 von Franz Liszt und eine Vielzahl von Kompositionen mit den Tempi zwischen Vivace und Presto.
Angst vor Über- reizung − 3	Die Angst vor Überreizung (− 3), die Abwehr gegen aufreizende, stimulierende Affekte mit einer oft moralisierenden Tendenz, wird von Musikstilen mit besänftigendem Ausdruck wie besonders dem Kirchenchorgesang befriedigt. Sie sind melodisch differenziert, aber ohne rhythmische Betonung. Auch das Volkslied

und der Country-Song haben diesen friedlich-beruhigenden Charakter. In der Klassik sind es vorwiegend Kompositionen in den Tempi zwischen Largo und Adagio.

Die Angst vor Enge (− 2) und vor Abhängigkeit, das Bedürfnis nach Emanzipation wird direkt im Protest-Song zum Ausdruck gebracht. Musikstile, die rhythmisch betont sind (wie Carmina Burana von Orff), die im Takt aber sehr frei sein können (wie die moderne elektronische Geräuschmusik), befriedigen das Bedürfnis nach Emanzipation.

Angst vor Enge
−2

Meist werden stilistische Entdeckungen als extravaganter Lärm abgelehnt. Für die Klassik war das Ausbrechen aus der Tradition jedesmal ein Sakrileg gegen die klassische Kompositionskunst. Daher heißt die Musikform, die einen schüchternen Ansatz zu befreiter Lust wagt, meist »Scherzo«.

Die Angst vor Weite, Verlorenheit und Isoliertheit (− 4), die besonders beim Landbewohner und beim Soldaten aufkommen konnte, bekämpft die volkstümliche Ländler- und Marschmusik durch den festen Halt des dominierenden Taktes und die affektarme, monotone Melodie. Auf hohem Niveau bietet die mathematisch klare Barockmusik von Vivaldi, Bach, Händel, besonders die Concerti grossi

Angst vor Weite
−4

von Corelli die Befriedigung einer souveränen Stabilität.

Aberglaube Zu den kleinen Lastern gehört auch der Aberglaube. Auch er dreht sich im Teufelskreis zwischen der Angst vor dem Ungewissen und der Bestätigung im vermeintlichen Wissen. Der Aberglaube bleibt ein kleines Laster, solange nur mit der Zahl 13 und dem Freitag als Unglück, mit dem Kaminfeger und dem vierblättrigen Kleeblatt als Glück fabuliert wird. Er bleibt auch dann noch ein verhältnismäßig kleines Laster, wenn man sich die menschlichen

astrologische und beruflichen Beziehungen mit astrologi-
Vorurteile schen Vorurteilen verpfuscht, »Es hat keinen Sinn, denn Mars und Saturn stehen in Konjunktion«, »Er muß ein idealer Partner sein, denn er ist Löwe mit Waage im Aszendent«. Auch der theologische Aberglaube, der neben der echten, ethischen Religion als längst antiquierte Pseudo-Naturwissenschaft durch Kirchen und Krankenzimmer spukt, bleibt ein harmloses, kleines Laster.

Ein großes und stets tragisches Laster hingegen
Ideologie sind die Ideologien, die ebenfalls in der emotionalen Unsicherheit und in der meist unbewußten Angst begründet sind, die sich aber nicht mit einer persönlichen Selbstbestätigung begnügen, sondern eine überpersönliche Bestäti-

gung fordern und dabei vor Aggression und
Gewalt nicht zurückschrecken.

Statt eines vorfabrizierten Gehirnregals, in
dem ideologische Denkkonserven gestapelt
werden, braucht der Mensch aber einen vorur-
teilsfreien Kopf, um die Ideale zu erkennen,
an denen er sich orientieren soll, um den Weg
zu seiner Selbstverwirklichung und Freiheit
selbst zu finden.

Ideale sind menschliche Wertsetzungen. Sie
sind – wie die vier Himmelsrichtungen –
Richtpunkte, um den Weg (die Methode) fest-
zulegen, den man in der gegebenen Situation
einschlagen soll. In jeder neu gegebenen Situation muß das Ideal als Richtung und die Methode als Weg neu gefunden werden.

Ideologien aber beanspruchen für ihre Wertsetzungen eine absolute Geltung. Sie sind daher
intolerant und totalitär. Sie gehen auf die »Be-
kehrung« oder Vernichtung aller anderen
Überzeugungen aus.

Für den ideologischen Aberglauben, für das
katastrophale, große Laster ist die verständnis-
lose Intoleranz (+ 2 − 3) das alarmierende Signal.

Ideale

Methode

Intoleranz
+2 −3

Das Hobby als Zwang in der Freizeit

Freizeit heißt die tägliche Urlaubsreise ins Wunderland des Glücks. Unabhängig von allen Verpflichtungen, ganz dem Gestalten und Erleben dieser unermeßlich reichen Welt hingegeben, so verbringen die Menschen ihre Freizeit. Eine häufige Ausnahme allerdings bilden die Sklavennaturen, die sich nach der Tagesarbeit ihrem Hobby-Frondienst unterziehen. Da sitzt einer und zählt die Zähne seiner Briefmarken oder mißt seine Intelligenz an Kreuzworträtseln: waagrecht »Oper von Verdi mit vier Buchstaben«, senkrecht »Komponist der Oper Aida«. Da streichelt einer sein geliebtes Auto mit dem Poliertuch oder läßt Kind und Kegel sitzen, um das ganze Wochenende im kalten Wasser zu stehen und auf einen lebensmüden Fisch zu warten. Ein anderer benützt die Freiheit seiner Freizeit, um sich mit Fleiß und Intrigen zum Präsidenten im Verein der präsidierenden Präsidenten wählen zu lassen.
Während beim »kleinen Laster«, bei Alkohol und Rauchen, ursprünglich ein Ekel und eine Abneigung überwunden werden mußten, um daraus Selbstbestätigung zu gewinnen, dient das zwanghaft ausgeübte Hobby ursprünglich meist der Selbstbestätigung und wird erst später zur Flucht vor unliebsamen Auseinandersetzungen, Situationen und Aufgaben. Man

Selbstbestätigung

löst Kreuzworträtsel, um sich von Sorgen abzulenken; man geht fischen, um Konflikten auszuweichen; man verwöhnt nicht die Gattin mit schmückendem Zierat, sondern sein Auto. Das zur Gewohnheit gewordene oder dranghafte Hobby, diese Farce der Selbstverwirklichung, ist in Wahrheit eine Idol-Rolle, die zur defensiven Abwehr und zur Flucht vor Mißerfolgssituationen dient. Überall, wo die Angst aufkommt, man könne versagen, nicht genügen oder unterlegen sein, ob zu Hause oder in Gesellschaft anderer, hilft das Hobby als Ausflucht und rettende Ausrede vor der Angstsituation.

Man kann das »kleine Laster« als negatives Hobby und die zwanghafte »Freizeitgestaltung« als positives Laster sehen, denn beide haben eine so große, innere Verwandtschaft, daß man sie nur nach äußeren, sozialen Kriterien auseinanderhalten kann: körperschädigender Alkoholismus gilt als Laster, familienschädigende Vereinsmeierei gilt als Hobby.

Freizeit als Freiheit Wenigstens die Freizeit als letzte Bastion der Freiheit soll aber frei von defensiven Angst-Rollen und von kompensierenden Idol-Rollen sein, um zur konzessionslosen Selbstverwirklichung genutzt werden zu können. Sie erfüllt sich in der Befriedigung der echten Bedürfnisse:

im Gestalten und Er-leben der Wirklichkeit.
In den drei Bedürfnisbereichen, die auch in
der traditionellen Dreigliederung Körper, Seele, Geist zum Ausdruck kommen, kann und
soll sich der Mensch verwirklichen. Jedes Hob- Hobby
by, das dem harmonisierenden Ausgleich zwischen dem körperlichen, seelischen und geistigen Bereich dient und jene Anlagen zur Entfaltung bringt, die der Alltag verkümmern lassen
würde, trägt als Hobby und Freizeitgestaltung
zur Selbstverwirklichung bei. Sie umfaßt die
drei Bedürfnisbereiche des Vegetierens, des
Konsumierens und des Funktionierens.

Das Bedürfnis zu vegetieren

Die Grundbedürfnisse, die der Körper befriedigen muß, um existieren und vegetieren zu   vegetieren
können, sind Wärme, Nahrung, Ausscheidung,
Bewegung und Ruhe. Selbstverwirklichung ist
unmöglich, wenn eines dieser Bedürfnisse un-
befriedigt bleibt, wenn man – wie die Hälfte
der Menschheit – durch Hunger oder Streß
akut bedroht ist.

Das Bedürfnis zu konsumieren

Ein zweiter Bedürfnisbereich ist das emotionale Konsumieren. Es will mehr als nur vegetieren, mehr als nur Nahrung verschlingen. Es will den Genuß. Den Hunger stillen und den Durst löschen kann man mit Kartoffeln und mit Wasser. Wer aber Lust hat, mit all seinen Empfindungen zu konsumieren, genießt die chinesische Vorspeise, das argentinische Steak mit französischer Sauce, den Bordeauxwein zum Käse aus der Normandie und den dänischen Nachtisch. Er ist hingerissen von den Gazellensprüngen, der reinen Singstimme der »Königin der Nacht« in Mozarts »Zauberflöte«; er schwelgt im Blubbergeräusch eines Schiffsmotors und glaubt, in Adams Schoß zu schaukeln, wenn er den weichen Anschlag und den tiefen, sonoren Klang der Glocke der Signoria in Florenz hört. Er betrinkt sich an der milden Farbenpracht des Herbstwaldes und berauscht sich am Duft der Geliebten. Emotional konsumieren läßt sich alles, was über die Sinne Lust bereitet, was Gaumen, Auge, Nase, Ohr und die zärtlichkeitshungrige Haut erfreut.

konsumieren

Das Bedürfnis zu funktionieren

Ein dritter Bedürfnisbereich umfaßt das intellektuelle, also vorgestellte Entwerfen von möglichen Beziehungen und den Vergleich dieser Kombinationsmuster mit der Wirklichkeit. So zeichnet das Kind ein Haus, so entwirft der Forschungschemiker eine Strukturformel, so sucht Herr Müller mit dem ABC-Muster des Alphabets Herrn Meier im Telefonbuch.

funktionieren

Im Gestalten und Er-leben innerhalb dieser drei Bedürfnisbereiche vollzieht sich die Selbstverwirklichung. Durch die Freizeitgestaltung sollen unbefriedigte Bedürfnisse erfüllt werden, um den harmonischen Ausgleich in den drei Bereichen zu verwirklichen. Das zum Gewohnheitszwang entartete Hobby hingegen verhindert die Selbstverwirklichung und mästet eine Idol-Rolle. Da das Hobby wenigstens einen der drei Bedürfnisbereiche befriedigen soll und sich innerhalb der vier Verhaltensstrukturen (1, 2, 3, 4) äußert, bedarf es für eine systematische Einordnung 3 × 4 Bereiche. Die Mehrzahl der Hobby-Rollen befriedigt aber zugleich zwei oder mehr von den 12 Bereichen.
Dressurreiten beispielsweise erfordert eine in-

Selbstverwirklichung

Dressurreiten

tensive körperliche Konzentrationsspannung
(vegetativ +2), eine subtile Aufmerksam-
keitsspannung, die »Versammlung« des eigenen Körpers und eine autoritative Übertra-
gung auf das Pferd. Zugleich wird aber bei
der Bemeisterung dieses noblen Sportes auch
Golf   Prestige konsumiert (konsumativ +2). Golf
konsumiert sowohl Prestige (konsumativ +2)
und körperliche Versammlung (vegetativ +2)
als auch ein beträchtliches Maß an Wanderlust
(vegetativ +3).
Die Bezeichnung der Bedürfnisbereiche kürzen
wir ab mit den Anfangsbuchstaben »V« für
das vegetative, körperliche Bedürfnis, »K« für
das emotionale Konsumbedürfnis, »F« für das
intellektuelle Funktionsbedürfnis. Dahinter
setzen wir die Ziffer der Struktur und das Vor-
zeichen »+« für die Idol-Rolle, zum Beispiel
für das friedlich-beschauliche Sammeln von
Mineralien und Versteinerungen: F + 1.
Das Sammeln von krummen Nägeln und
Schnurresten aus Angst, etwas wegzuwerfen,
was man noch einmal brauchen könnte, ist weniger ein Hobby als ein durch Verlust-Angst
motiviertes Laster und müßte deshalb als
K −4 eingeordnet werden.

Das Hobby des Blau-Typs (+1)

Der Blau-Typ sucht Befriedigung, Entspannung und Ruhe. Hobby-Signal dieses Typs,
wenn es um sein körperliches Wohlbehagen
geht, ist die horizontale Lebensweise im Liege-
stuhl, auf der Luftmatratze, am Meeresstrand,
auf dem Wasser, im türkischen Dampfbad und
am liebsten im Bett, besonders wenn er in de-
pressiver Verstimmung sich selbst bedauert
oder seinen Idolen nachträumt. Er läßt sich
gerne massieren, maniküren, pflegen und ver-
wöhnen (V +1). Steht er auf, kommen seine
Konsumbedürfnisse in Gang. Er wird zum
Hobby-Koch, zum Gourmet-Reisläufer, dem   Koch
kein Freßtisch zu ferne steht. Er wird zum Hob-
by-Maler oder -Keramiker. Musik und Musi-   Musizieren
zieren kann zur dominierenden Freizeitbe-
schäftigung werden (K +1). Als Fischer angelt Fischer
er viel mehr nach ausgeglichener Ruhe als nach
einem kärglichen Mahl. Auch der Meister-
schütze, der nur die Treffer zählt (F +2), bringt   Schütze
unbewußt seine Affekte durch höchste, kon-
zentrative Versammlung (K +2) zur emotionalen Harmonie (V +1).
Der Blau-Typ kann die Emotionen aber auch
abschirmen und sich einem ruhig-beschauli-

chen Hobby hingeben. Gottes Welt erlebt er als ausgeleerte Wundertüte.

Sammeln   Mit Geduld und Sorgfalt sammelt er Briefmarken, Versteinerungen, Mineralien, Antiquitäten, Schmetterlinge, Münzen und überhaupt alles, was sich als irgendwie zusammengehörig anhäufen läßt (F + 1).

Hobby-Diebe   Sammler hingegen, die mit ihrem Besitz renommieren wollen, wie die dumm-schlauen Hobby-Diebe, die Aschenbecher oder Straßenschilder klauen, oder die spekulierenden Kunstkrämer, die ihre Bilder mit demselben Gefühl an die Wand hängen, wie wenn es Geldscheine oder Antiquitäten wären, möchten sich und anderen ihre vermeintliche Überlegenheit beweisen (K + 2).

Das Hobby des Grün-Typs (+ 2)

Leistungssport   Des Grün-Typs Lebenstaktik heißt sich behaupten, um überlegen zu sein. Seine Willensspannung lebt er im Körpertraining und Leistungssport aus (V + 2). Chronometer und Zählrahmen, das sind für ihn die Fundamente des Sports. Als Hobby-Leithammel ist er

schuld an der 18-karätigen Neurotisierung des
eitelkeitstriefenden Sportbetriebes (K +2).
So richtig im Element ist der ich-freudige
Grün-Typ, wenn's ums Konsumieren geht   Konsumieren
(K +2). Alles, womit man das Ich dekorieren
kann, ist hobbyfähig: Kleider, Schuhe, Hüte,
Schmuck. Da man aber nur ein Paar Schuhe
an den Füßen tragen und nur einen Hut auf
den Kopf setzen kann, ist bald das Maß erreicht, da das vorhandene Dekorationsmate-
rial die gebotenen Gelegenheiten überwuchert.
Dann wird das Konsumieren zum Hobby und
zum Selbstzweck, oft aus Trotz gegen andere
Entbehrungen (K +2 −1).
Das Foto-Hobby hält eine gigantische Indu-   Foto-Hobby
strie in Atem. Meist heißt Fotografieren Sich-
Fotografieren. Ich vor dem Auto, ich vor dem
Haus, ich vor den Angehörigen, ich vor dem
Eiffelturm, ich, wo ich im Urlaub war, und in
jedem Fall: Ich vor dem Fotoapparat, der meiner Persönlichkeit ein papierenes Denkmal
setzt (K +2).
Das häufigste Hobby und verbreitetste Laster
geschieht wie alles Selbstverständliche ohne
Namen. Wir wollen es »Experten-Hobby«   »Experten-
(K +2) taufen. Das Experten-Hobby er-   Hobby«
schöpft sich in den paar Themen, die zum eisernen Bestand der menschenähnlichen Kommu-

nikation gehören: Wetter, Auto, Preisvergleich, Kinder, Krankheiten, Tagespolitik, Restaurants und Hotels, Weine, Urlaubsreisen und Zollgeschichten. Hier gilt es, Expertenurteil abzugeben. Keiner prüft es, keiner braucht es, aber fast jeder bewundert es: »Morgen wird es schön«, »In der Nähe der Champs-Elysées kenne ich ein Hotel, wo man noch verhältnismäßig billig wohnen kann«, »Wenn Sie die besten Spaghetti napolitaine essen wollen, dann gehen Sie in Oslo zu Chez Mario«, »Den Wein dieses Jahrgangs aus den mittleren Lagen müssen Sie unbedingt bei 13 Grad lagern und mit 12 Grad trinken. Da ist er am besten«. Der Wein-Experte riecht, schmeckt, kostet, gurgelt und kaut den ersten Schluck. Gönnerhaft nickt er, daß sich der Wein trinken lasse; den Rest säuft er wie Wasser herunter. Wer das Experten-Hobby im klassischen Stile pflegt, weiß auch noch drei bis fünf Witze zu erzählen, wovon wenigstens einer so umgebaut ist, daß er für neu gehalten wird.

Experten-Hobby   All diese Experten-Hobbies (K +2) sind Signale eines verschämt anmaßenden Bestätigungsanspruches, das Lechzen nach Anerkennung.

Funktionieren   Der Grün-Typ sucht seine Bestätigung auch im intellektuellen Funktionieren. Um das

Glücksgefühl des Musterschülers geht es ihm, wenn er seine gedankenlose Intelligenz an Kreuzworträtseln beweist (F + 2). Sucht er zugleich Ruhe und Geduld, so flickt er tischtuchgroße Puzzles zusammen und bestätigt sich, daß die chaotische Welt eigentlich doch ein harmonisches Ganzes sei (F + 2). Puzzle-Spieler mit Worten sind die Hobby-Dichter mit ihrem Hobby-Gebot » Reim muß sein «. Den Sinngehalt der Worte ziehen sie an den Haaren herbei, wenn sich bloß die Endsilben reimen. Wer Reime verselt wie ein ratternder Webstuhl, dem ist die funktionell erzeugte Wirkung der Worte wichtiger als ihre emotionale Aussage (F + 2). Seinen Gefühlen ist so wenig zu trauen wie seinen Versen.

Auf höchster Stufe der funktionellen Intelligenz betreibt der Schachspieler sein Hobby (F + 2). Der Bastler, der mit seinem Hobby seine handwerkliche Meisterschaft beweisen will, bezieht den ästhetischen Reiz mit ein (F, K + 2 + 1), wenn er mit feinen Materialien, Formen und Farben umgeht, oder er sucht die körperliche Anstrengung (F, V + 2 + 3), wenn er die Maurerkelle und den Hammer schwingt.

Kreuzworträtsel

Puzzle
Hobby-Dichter

Schach
Bastler

Das Hobby des Rot-Typs (+3)

Wer im Schweiße seines Angesichtes die Freizeit verbringt, ist ein Rot-Typ (+ 3).

Manche greifen in stiller Leidenschaft zum Rasenmäher, zur Heckenschere oder gar zum Spaten, um ihrem körperlichen Bewegungsdrang Befriedigung zu verschaffen. Da das Gras aber nur langsam wächst und außerdem längst nicht jeder Rot-Typ seine Muskelkraft an der grünen Natur abreagieren kann, zieht manch einer die roten Wandersocken über und marschiert los, um wenigstens in der grünen Natur seine Energie loszuwerden.

Andere bringen sich und ihre Mitspieler mit dem Trick des Hundebesitzers in Schweiß, der einen Stein oder Ball wegwirft, weil der dumme Hund glaubt, ihm nachrennen zu müssen.

Nicht nur Tennis und Fußball, auch Schwimmen, Radfahren, Skifahren, Turnen, Leicht- und Schwerathletik sind geeignet, den Bewegungsmangel unserer Schreibtischkultur auf freudvolle Weise auszugleichen.

Welches aber sind die Signale, an denen man erkennt, ob es einem Hobbyaner um sportliche Selbstverwirklichung (= 3) oder um Selbstverherrlichung geht (+ 2 + 3 − 4)?

Bewegungs-
drang

Wandern

Ballspiele

Wer Sport treibt, um sich, wie das Mannequin auf dem Laufsteg, einem Publikum vorzuführen, trainiert nicht nur Selbstverwirklichung, sondern zur Selbstbestätigung. Erkennungssignal für das pseudosportliche Selbstbestätigungshobby ist der Wunsch nach einem Publikum, gleichgültig, ob für die Tribüne gesportelt wird, ob einer Wasserski fährt, um gesehen zu werden, oder ob einer ins Boot steigt, um sich eine operettenhafte Kapitänsmütze aufzusetzen. Dort, wo es nicht um die Lust an der Bewegung und Körperbeherrschung geht, sondern wo für ein Publikum Punkte gezählt, die Rennzeit gestoppt und sportliche Modegags getragen werden, hat das Hobby den Zweck einer zwanghaften Selbstbestätigung. Die Häufigkeit dieser Motivation verhilft dem Sport zu einer fragwürdigen Publizität statt zur aktiven Popularität, die er wegen seiner Notwendigkeit haben sollte.

Selbstbestätigung

Wasserski

Kapitänsmütze

Die Spannung und Erregung, die sich beim aktiven Sportler in den Muskeln abspielt, genießt der Konsumsportler, der vor dem Kampffeld oder hinter dem Bildschirm sitzt, in seinen Eingeweiden (K +3).

Konsumsportler

Der Motorrad- und der Autorennfahrer vollbringen zwar auch eine körperliche Anstrengung, doch überwiegt die Erregungsspannung, die – wie beim passiven Zuschauer – das emotionale Konsumbedürfnis, die Sensationslust, befriedigt (V, K +3 +2).

Kriminalthriller Von derselben Sensationslust leben auch die Kriminalthriller, Cowboyfilme und Sexknüller. Sie alle bauen eine Erregungsspannung auf, die schließlich im Schußwechsel ihre Lösung und Befriedigung findet (K +3 −1).

Körperpuls Auch stark rhythmisch betonte Musik und schnelle Tempi erzeugen eine am Körperpuls meßbare Erregungsspannung. Der Puls der Mitglieder einer Band stellt sich sogar auf das vom Schlagzeug diktierte Takttempo ein

Kriminalroman (K +3). Insofern als der Kriminalroman nicht nur Erregungsspannung vermittelt, sondern auch intellektuelle Problemlösungen fordert, befriedigt er das Konsumbedürfnis und das Bedürfnis, sich die Funktionstüchtigkeit der schlauen, grauen Gehirnsubstanz zu beweisen (K +3; F +2).

Intellektuelles Funktionieren, das eine Erregungsspannung ohne emotionales Engagement ermöglicht, erfreut sich großer Beliebtheit.

Patience Was für die gelangweilten Damen das Patience-
Bridge Legen und Bridge-Spielen, für den Bierkumpel
Skat die Skatkarten, das bedeutet für den siegesgewissen, weltmännischen Bassier das Spiel mit
Börse Börsenpapieren (F +3 +2).

Jedes Spiel befriedigt eine bestimmte Rollen-
haltung. Deckt man sie auf, so versteht man
die Signalbedeutung des Spieles und weiß, welcher Art von Zwang der besessene Hobbyspie-
ler unterliegt.

Der Hobby-Flipper erlebt vor seinem Ratter-   Flipper
kasten unbewußt das Sinnbild seines Lebens.
Er selbst ist die Kugel, die ins Leben geschos-
sen wird und in ihrem Lauf auf der schrägen
Schicksalsebene dem verschlingenden Loch,
dem drohenden Tode entgegenrollt. Nicht ak-
tiv gestaltend, sondern mit schlagfertigen
Rückstößen versucht er den Todeslauf seiner
Ich-Kugel hinauszuzögern. Er hofft, daß durch
Zufallstreffer ein Feuerwerk von klingenden
Erfolgszahlen auf ihn herunterprasselt. Schick-
salhaft kollert die Kugel ihrem Loch entgegen:
Das Abbild eines sinnlosen Lebens, ein be-
liebtes Spiel (F +3).

Das Hobby des Gelb-Typs (+4)

Körperliche Lockerung und Lösung (V +4),
den notwendigen Ausgleich zur ständigen

Anspannung, streben nur wenig Freizeitbetätigungen an.

Gymnastik   Die rhythmische Gymnastik, die als tägliches Gebet des Körpers verrichtet werden sollte, führt ein Aschenbrödel-Dasein neben den großen Sportarten wie Fußballzuschauen oder Boxkampfbewundern. Nur mit der Finte des Tanz   Probepettings, mit dem Tanz, gelingt es, größere Menschenmengen zur Lockerungsgymnastik zu verleiten. Hält jemand seine Erfolgschancen beim Tanzflirt für gering oder bringt ihm Untreue Ärger ein, dann zieht er Lockerungsübungen mittels Alkohol vor.

Schwimmen   Schwimmen, auf dem Wasser schaukeln und Flautesegeln gehören zu den wenigen Sportarten, die vorwiegend lockern und lösen. Der Hang zum leichten Wassersport darf als Hobby-Signal für das Lösungs-, Erleichterungs- und Befreiungsbedürfnis (V +4) gewertet werden.

Eine Verbindung zwischen dem Körpergefühl der befreienden Loslösung und dem emotionalen Erlebnis der Unabhängigkeit bietet das Fliegen   Hobby des Fliegens (V, K +4), insbesondere der Flugakrobatik. Wird Fliegen als Flucht vor der irdischen Schwere zum Drang, so geht es nur noch darum, in der Luft zu sein, und man weiß bald nicht mehr, wie beim dranghaften

Autofahren, was für ein Ziel man ansteuern soll (K +4). Autofahren
Jedes Hobby, das den Konsum neuer Erlebnisse anstrebt (K +4), ist Signal eines Gelb-Typs.
Die Neugierde äußert sich in der Reiselust (K +4), im Bedürfnis, sich von Reise- und Dokumentarfilmen anregen zu lassen (K +4). Reiselust
Auch der Besuch von Kunstausstellungen dient der Befriedigung der Reiz-Neugierde (K +4). Kunstausstellung
Beim Besuch von Vernissagen hingegen besteht der Reiz weniger im Sehen als im Gesehenwerden (K +4 +2). Vernissage Die Vernissage ist nicht nur eine Schaustellung der Bilder, sondern mehr noch der Bildung und Einbildung der kontakt- und geltungshungrigen Besucher.
Im intellektuellen Bereich hat der Gelb-Typ die Bedürfnisse eines Knallfrosches: Man weiß nie, wohin er springt. Aber die Funktion des Springens oder Hüpfens von einem Ort zum anderen, von einer Neuigkeit zur anderen, von einer Beziehung zur anderen, das ist das Erkennungs-Signal all seiner Hobbies (F +4). Das 20. Jahrhundert ist für ihn erfunden. Zum Leben braucht er 48 Stunden am Tag und einen Telefonapparat. Verbindungen herstellen fasziniert ihn. Beziehungen zu pflegen, dazu hat er keine Zeit. Er reist und fliegt (oft selbst), wenn möglich mit Sprechfunk: »Hallo, hallo. Telefon

Ich hier. Sie dort? Achtung, ich komme, um Sie zu informieren, daß ich gleich weg muß.« Der Informationsstrom hält ihn in Gang, wie der elektrische Strom den Ventilator antreibt. Am liebsten hört und erteilt er Informationen über Informationen:»Das müssen Sie unbedingt lesen«,»Kann ich davon eine kurze Zusammenfassung haben?« Signal für den egozentrischen Gelb-Typ, der vor der gemüthaften

Kontaktsucht Verbundenheit wegläuft, ist die Kontaktsucht, die sich beruflich oder gesellschaftlich als rein funktionelle Begegnung ohne emotionale Teilnahme abspielt. Gelb-Funktionalisten fühlen sich als Jet-Typen. Sie lassen ein Modellflugzeug surren und tragen ein Fliegerabzeichen. Aber wenn sie sich's leisten können, besitzen sie einen Jet-Apparat oder»jetten«, um»in« zu sein, wenigstens mit ihrem Telefonapparat von einer in-teressanten, in-ternationalen Information zur anderen.

Neugierde Die Neugierde, die man als Informationsbedürfnis bemäntelt, wird bei vielen durch die Fernseh- und Rundfunknachrichten und diejenige Literatur befriedigt, die meist ohne festen Buchrücken ins Haus geliefert wird (F +4).

Was zeitlich neu ist, weil es gestern passierte,
»Zeitung« heißt»Zeitung«. Wer aber seine Nase in Zei-

tungen oder Zeitschriften steckt, ohne einen Zusammenhang mit eigenen Aufgaben oder geistigen Gestaltungszielen herzustellen, kitzelt nur seine Neugierde (F +4). Ein Stapel von Zeitungen und Zeitschriften, die sich im wesentlichen nur durch den Titel, sonst aber weder im Inhalt noch im Jahrgang unterscheiden, ist das Signal für das Lesehobby der Selbstillusionierung (F +4).

Zeitschrift

Der Hund als Hobby

Daß Kinder ihren Eltern ähnlich sehen, weil sie von ihnen gezeugt wurden, ist unserem Kausalitätsdenken einleuchtend. Daß aber Hunde ihrem Herrn und ihrer Herrin oft wie aus dem Gesicht geschnitten scheinen, empfindet man als ironische Entlarvung.

Das entlarvende Hobby-Idol kann man auf vier Beinen oder auf vier Rädern mit sich führen. Im Hundetyp und im Autotyp, den sich ein Besitzer als Hobby-Idol erträumt und erwirbt, spiegelt sich meist seine Affektstruktur so deutlich wider, daß Hund und Auto zu einem leicht deutbaren Signal werden.

Hundetyp

Der Blau-Typ fühlt sich zu einem gutmütigen, ruhigen Neufundländer oder Bernhardinerhund (K +1) hingezogen. Der Rot-Typ erlebt sich in einem draufgängerischen, aggressiven Wolfshund (K +3). Der Grün-Typ präsentiert sich mit einer deutschen Dogge (K +2) und gibt zu verstehen, daß nicht nur sein Hund in einem großen Hause wohnt. Das Hunde-Idol des Gelb-Typs ist der unabhängige, elegant tänzelnde, in die Weite stiebende Windhund (K +4).

Es gibt genug Hunderassen, um die entbehrte, menschliche Beziehung in einer maßgeschneiderten Idol-Hunderolle auszuleben. Hier in der systematischen Gegenüberstellung ein paar Beispiele:

K +1 +2	der treue, kluge Dackel oder Yorkshire	K +3 +4	der verspielt lebhafte Collie
K +1 +3	der wachsame, treu-anhängliche Berner-Sennenhund oder Hirtenhund	K +2 +4	der selbstherrlichelegante Afghan, der vornehme Barsoi
K +1 +4	der lebhafte, anhängliche Pudel oder Spitz	K +3 +2	der trotzigaggressive Boxer, Dobermann oder Schäferhund

Das Auto als Hobby

Es gibt auch genug vierräderige Züchtungen, damit jeder seine Idol-Autorolle ausleben kann. Der Blau-Typ fährt die zuverlässige Familienkutsche (K + 1), der Rot-Typ jagt im italienischen Sportwagen über den Asphalt (K + 3), der Grün-Typ kleidet sich mit der vornehmen Engländer-Karosserie, und beim Gelb-Typ muß es ein schnelles Cabriolet sein. Die bevorzugten Marken und damit auch die Idol-Charakteristik der Autotypen variieren von Land zu Land. Dennoch ist der Rolls-Royce oder Bentley Inbegriff nobler Würde (K + 2 + 4), der Ferrari nobler Rasse (K + 2 + 3) und der Jaguar nobler, sportlicher Eleganz (K + 2 + 3 + 4).

Autotyp

Der VW-Käfer als treudeutscher Zuverlässigkeits-PKW (K + 1 + 2) nimmt zuweilen seinen Schildkrötendeckel ab und läßt als VW-Kabriolett (K + 1 + 4) den Duft der großen, weiten Welt an der Nase vorbeiziehen. Unfreiwillig an der Nase vorbeiziehen lassen muß er den jugendlich-sportlichen Porsche (K + 3 + 4) und den elegant-schnellen BMW (K + 3 + 4 + 2). Neben dem seriös-würdigen Zweckauto, dem Mercedes (K + 2), nimmt sich der Amerikanerwagen als luxuriöser Lustsalon aus (K + 2 + 4) und deutet an, wozu man ein Auto auch noch verwenden kann. Aber im Stadtverkehr verhalten sich alle Autotypen genau gleich, besonders wenn sie vor dem Stopplicht stehen. Was als Unterschied bleibt, Image ist ihr Image. Und gerade das ist das Signal, das sich der Hobby-Automobilist zulegt.

Die Wohnungseinrichtung: die Enthüllung der Geborgenheit

Ludwig XIV., der Sonnenkönig, bedurfte des Schlosses von Versailles, um sich wohl zu fühlen; Diogenes, der Sonnenverehrer, fühlte sich in einer Tonne zu Hause und warf seinen Trinkbecher weg, als er sah, daß man auch aus der hohlen Hand trinken kann. Die Wohnungseinrichtung gibt oft ein bestechend deutliches Bild vom Menschen, der sie bewohnt, von seinen Lebensgewohnheiten und der Rolle, die er spielen möchte.

Die Raumform, mehr noch die Raummaterialien und besonders der Raumschmuck sind stumme Verräter, die mit schamloser Indiskretion, meist durch scheinbare Kleinigkeiten – das Diplom an der Wand, ein überquellender Schuhschrank oder eine verstaubte Rose – Einsicht und Verständnis für wesentliche Seiten einer Persönlichkeit eröffnen.

Wohnungseinrichtung

Lebensgewohnheiten

Die Raumform

Falls möglich, wird die architektonische Raumdisposition und besonders die innenarchitektonische Anordnung und Ausgestaltung

für die persönlichen, geschmacklichen Bedürfnisse der Bewohner gestaltet.
Der Blau-Typ, für den ein gemütliches Heim soviel bedeutet wie für den Fisch das Wasser, braucht einen Innenraum, der das Gefühl der Geborgenheit spürbar ausdrückt. Er liebt den höhlenartigen Raum, die gerundeten Wände und die Nischen, in die er sich zurückziehen und einnisten kann. Er liebt die Eßnische mit herunter gezogener Decke, den Rundtisch, an dem man sich zur gleichrangigen Gemeinschaft zusammenfindet. Die Lesenische animiert ihn zum Lesen und die Schlafnische, der Alkoven animiert ihn, den Vorhang zuzuziehen. Ihm gefallen die niedrigen Räume der Bauernhäuser oder die kleinen Fenster älterer Steinhäuser mit ihren dicken Mauern und Gewölben. Fenster mit Butzenscheiben findet er putzig. Wenn das Fenster mit Sprossen unterteilt ist und durch Antikglas mit Blasen die Außenwelt gegen den ruhigen Innenraum abschirmt, schwelgt er in Geborgenheit.
Dem Gelb-Typ hingegen kann der Raum nicht weit und nicht offen genug sein. Sein Fenster soll durch keine Sprossen gegliedert sein, sondern von Wand zu Wand gehen oder als möglichst großer Wandausschnitt den Innenraum öffnen und ins Freie führen.

Geborgenheit

Nische

Rundtisch

niedrige
Räume
Gewölbe

Fenster mit
Sprossen

Fenster von
Wand zu Wand

Der Grün-Typ benötigt den rechteckigen
Raum. Die Ecken sind für ihn Fixpunkte, an   Ecken
denen er sich orientieren kann, durch die er
die Distanz und Proportion einzuschätzen und
klar zu ordnen vermag, um sich in einem festen
Ordnungsgefüge sicher zu fühlen. Für den
Grün-Typ soll der Raum hoch sein, damit er   hohe Räume
sein Haupt hoch tragen und den Rauch des
Selbstbewußtseins hoch hinaufsteigen lassen
kann.
Der Gelb-Typ würde sich beengt fühlen, wenn
die Fenster nicht weit und breit sind, wogegen breite Fenster
der Grün-Typ hohe Fenster erhaben und wür-
dig findet. Ein schmiedeeisernes Gitter davor   schmiede-
erhöht sein Gefühl der Sicherheit und zugleich eiserne Gitter
das der Vornehmheit. Ohne Sicherheit, aber
sicher vornehm, sind für ihn die Glastüren mit
Gitterverzierungen.
Der Rot-Typ liebt lange Räume, lange Säulen-   lange Räume
hallen, lange Wandelhallen, lange Korridore
und lange Märsche durch die Büros und Vor-
zimmer, bis man ins große Chefbüro kommt,
das der Länge nach durchquert werden muß,
bis man den dynamischen Manager erreicht,
der hinter einem langen Schreibtisch seine
tüchtige Männlichkeit zeigen möchte.

Die Raummaterialien

Farben

Flor

Holz
Textilien

Stein
Marmor

Metall

Transparenz

Nicht nur die Farben, mit denen ein Raum ausgestaltet ist, sondern auch die Materialien und deren Strukturen, ob der Fußboden mit Stein, Linoleum oder Teppich belegt ist, und ob dieser niedrig- oder hochflorig, ob der Flor dicht oder locker, ob er aus robuster Schlinge oder weichem Velours besteht, bestimmen den Charakter des Raumes und signalisieren, wer sich hier wohl fühlen möchte.

Der Blau-Typ liebt warme Materialien, wie braunes oder naturfarbenes Holz und Textilien, die sich weich anfühlen und wie Wandteppiche auch optisch das Gefühl der Weichheit vermitteln.

Der Grün-Typ bevorzugt den harten Stein, am liebsten Marmor, oder er huldigt dem »materialgerechten« Sichtbeton und bewundert die materialfremden Abdrücke der Holzmaserung mit derselben Überzeugtheit. Auch Metall als Türverkleidung, an Beschlägen und Ziergegenständen imponiert ihm.

Den Gelb-Typ fasziniert, was transparent ist oder glänzt. Er liebt Glas, Spiegel, Plexiglas und den Glanz von Metallen wie Chrom oder Silber.

Der Rot-Typ liebt Leder, alle Arten von Häu-   Leder
ten, die am Boden liegen, an der Wand hängen,
Lampenschirme bekleiden oder gar als Leder-
riemen mit Schnallen einen Papierkorb,
Aschenbecher oder ein Barometer umgürten.
Wenn der sexbetonte Rot-Typ zugleich die
warme, weiche Behaglichkeit des Blau-Typs
braucht, breitet er ein Fell als Lustwiese aus.   Fell

Der Raumschmuck

Ist das Dach über dem Kopf und der Rohbau
fertig, beginnt die Ausgestaltung des Wohnrau-
mes nicht nur mit Materialien wie Marmor
und Spiegeln, die als Signale aussagereich sind,
sondern mit Gegenständen, die entweder nur
dem sachlichen Nutzen dienen wie ein einfa-
cher Wasserhahn oder aber auf schmückende
Weise nützlich sind wie ein Wasserhahn aus
Gold in Form eines Delphins oder wie all die
Aschenbecher, die nicht nur Krematorium,
sondern ein prachtvolles Mausoleum sein wollen. Es gibt nützliche Bügeleisen aus Chrom-
stahl, die man im Schrank versorgt, und es gibt

unbrauchbare, rostige, die man als Dekoration aufstellt. Die meisten Menschen, die ihre Wohnung mit einem Spinnrad möblieren, verstehen eher, wie ein komplizierter Autovergaser funktioniert, als wie man darauf Wolle spinnt.

Alles, was wie Spinnräder herumsteht, und das meiste, was an den Wänden hängt, ist als **Raumschmuck für die Augen des Besuchers** bestimmt. Wie wirkt dieses Bild, diese Landkarte, dieser Siegerpokal, dieses Hirschgeweih, dieser Vorderlader, diese Anerkennungsurkunde auf den Besucher? Das ist die Frage, die wie Hammer und Nagel zum Handwerkszeug der Heimgestaltung zu gehören scheint.

Alles, was für den Besucher aufgestellt und aufgehängt wird, ist Signal für die Rolle, die man spielen möchte. Die Geborgenheit des Heimes wird durch den Wohnungsschmuck zur Enthüllung, zum indiskreten Striptease der Seele, zum Feuerwerk der Persönlichkeitssignale.

Auch hier nehmen wir die vier Grundtypen der Funktionspsychologie und deren sechs Kombinationstypen zu Hilfe, um Ordnung in das Arsenal der wohnlichen Eitelkeiten zu bringen.

Der Blau-Typ schmückt die Wohnung mit **Herz-Signalen**, Blumen, Kerzen, die liebliche Behaglichkeit zu verstehen geben wollen.

Der Grün-Typ dekoriert sich mit Geld- und Geltungs-Signalen. Seine Prestige-Signale sind Renommiergemälde oder Ahnenbilder, damit der Besucher mit heruntergezogenen Mundwinkeln zustimmen muß: »schwer reich« oder »stinkvornehm«. Prestige-Signale

Der Rot-Typ exhibiert Potenz-Signale, um seine Kühnheit und seine sportliche Fitness mit Siegertrophäen zu dokumentieren. Potenz-Signale

Der Gelb-Typ bringt den Duft der großen, weiten Welt nach Hause und gibt mit Welt-Signalen wie Weltkarten, Ansichtskarten aus aller Welt und Souvenirs – vom Eiffelturm im Fingerhut bis zur Pagode als Gartenhaus – kund, wo er schon überall war oder hätte sein wollen. Welt-Signale

Es gibt reine Signale wie Kerzen (+1) oder schlichte religiöse Bilder (+1) als Herz-Signale. Viel häufiger verschmelzen zwei oder gar drei Signale zu einem Akkord. Kerzen in einem teuren Silberleuchter (+1 +2) bilden einen Akkord zwischen dem Herz- und dem Prestige-Signal. Der Schwerpunkt kann sogar im Prestige-Signal liegen, wenn Kerzen zwar in Silberleuchter gesteckt werden, dort aber jungfräulich verstauben oder zum Schein kurz angebrannt werden, um künftig nur noch für das Gemütlichkeitsprestige (+1 +2) strammzuste- Kerzen hen. Kerzen können sich sogar für den Herz-Potenz-Akkord entflammen, wenn sie mehr oder weniger deutlich der Form ihres lustbereitenden Nebenzweckes nachgebildet sind.

Waffen Waffen (+3), arabische Krummsäbel und besonders Jagdgewehre sind scharfe Potenz-Signale. Wenn aber Jagd- und Nashörner und die aus allen Wänden gaffenden Hirschköpfe besagen, daß die Flinten dem Jagdbesitzer gehören, klingt das Halali des Potenz- und Prestige-Signals (+3 +2) von den Wänden.

Wo Offiziershut, Dolch, Säbel oder die Offizierspistole, statt ordentlich im Schrank versorgt, ordentlich an der Wand hängen, dient dieser Kriegsschmuck (+3 +2) als Potenz-Prestige-Signal.

So wie Kerzen (+1) vom schlichten Herz-Signal der Gemütlichkeit, besonders wenn sie von Whiskyflaschen herunterweinen, zum religiösen Herz-Signal oder in barocker Pracht zum Herz-Prestige-Signal oder bei provozierender Sexualisierung sich zum Herz-Potenz-Signal modifizieren können, so ist die Signalbedeutung jedes Schmuckgegenstandes von den persönlichen Motiven abhängig.

Oft ist das Signal oder der Signal-Akkord am Gegenstand selbst ablesbar, oft kann er aber nur im Zusammenhang mit anderen Signalen zuverlässig eingeordnet werden. Selbst der Ort, ob vor der Wohnung, über oder neben der Eingangstüre – dem Durchgang von einem Verhaltensbereich in einen anderen – ob im Gang, der kein Aufenthaltsraum ist, ob im Wohnzimmer als Aktionszentrum oder im intimen Schlafzimmer derselbe Schmuckgegenstand plaziert wird, ist für seine Signalbedeutung mitbestimmend.

Die Plätze auf oder über dem Büfett ($+2$) und dem Sofa ($+2$) sind Prestige-Altäre, diejenigen am Kopfende des Bettes ($+1$) sind Herz-Altäre für religiöse, sentimentale und illusionäre Wünsche, diejenigen im Gang und Treppenhaus werden zuweilen als Potenz-Arsenal ($+3$) für Geweihe und Waffen bevorzugt.

Welt-Signale wie Ansichtskarten aus der Ferne ($+4$) umranken oft den als Zwang empfundenen Arbeitsplatz. Selbst die Fotos von Angehörigen ($+1$), von Kindern und Enkeln, gruppieren sich oft um typische Welt-Signale, um Telefon ($+4$), Fernsehgerät ($+4$) oder Radio ($+4$). Zuweilen kuscheln sie sich auch an eine Vase ($+1$) und sehen dann, besonders mit künstlichen Blumen ($+1$ $+2$), einem idyllischen Privatfriedhof ähnlich.

Um eine Übersicht über die funktionspsychologisch geordneten Signale und Signal-Akkor-

Ort
Eingangstüre

Gang
Wohnzimmer

Schlafzimmer

Büfett
Sofa
Bett

Arbeitsplatz

Telefon
Fernsehgerät
Radio

de zu geben, enthält die nachfolgende Zusammenstellung hinter dem Idol-Zeichen » + « die Kennziffer, das Kennwort des Signals und in Klammer ein Beispiel:

Signale

Signale

+1	Herz-Signale (Kerze)	+4	Welt-Signale (Souvenirs)
+2	Prestige-Signale (Diplóm)	+3	Potenz-Signale (Waffen)

Signal-Akkorde

Signal-Akkorde

+1 +2	Herz-Prestige-Signale der Noblesse (Antiquitäten)	+3 +4	Welt-Potenz-Signale des Weltmanns (Weltkarte)
+1 +4	Herz-Welt-Signale der Kultiviertheit (Bibliothek)	+3 +2	Potenz-Prestige-Signale der Männlichkeit (Jagdtrophäen)
+1 +3	Herz-Potenz-Signale der Erotik (exotisches Fell)	+2 +4	Prestige-Welt-Signale der Prominenz (Originalgraphik)

Die Herz-Signale des Blau-Typs (+1)

Das dominierende Herz-Signal der älteren Generation und vorwiegend der katholisch Gläu-
bigen ist der religiöse Wandschmuck (+1). religiöser
Gründliche Untersuchungen (*Sturzenegger*, Wandschmuck
Lange, Bern 1970) haben erwiesen, daß der
religiöse Wandschmuck (+1) von jüngeren
Menschen, besonders im Wohnzimmer, wenig
verwendet wird, daß er bei evangelisch Gläubi-
gen nur zu einem Drittel anzutreffen ist, ja
daß religiöser Schmuck, besonders bei höheren
Berufsgruppen, sogar abgelehnt wird. Hingegen haben ältere, katholisch Gläubige, besonders im Schlafzimmer, fast ausnahmslos religiöse Symbole. Vor allem sind es Christuskreu-
ze (+1) und Marienbilder (+1) oder weniger
transzendent: Leonardos »Abendmahl« (+1),
Dürers »Betende Hände« (+1) oder Spruch-
bilder mit Bibelversen (+1), oft in Holz
gebrannt (»Wer auf Gott vertraut, hat wohlge-
baut«).
Außer den Herz-Signalen der himmlischen
Heimat schmücken auch die der irdischen Heimat Haus und Garten. Sie sind als mythologi-
sche Naturmenschlein, als hilfreiche Geister
schon vor dem Haus als Gartenzwerge (+1) Gartenzwerge

Bambi-Rehlein

Stiche

Bibliothek

anzutreffen, oft begleitet von einem herzigen Bambi-Rehlein (+ 1) oder einem herzensguten Dackelchen (+ 1), alle aus demselben Gips. Manchmal wohnen sie in einem Chalet, oder das Chalet mit Bergsee (+ 1) hängt wenigstens als Bild über dem Sofa. Die Heimat wird besonders in Alpenländern oft durch eine Alphütte (+ 1) vor einem Schneegebirge abgebildet. Aber auch Stiche von der Heimatstadt (+ 1) sind meist als Herz-Signale zu verstehen. Wenn hingegen die Empfindsamkeit des Gemüts (+ 1) mit der weltoffenen Informationsbereitschaft (+ 4) und Weite des Geistes einen Akkord bilden, entsteht der Wohlklang der Kultiviertheit (+ 1 + 4). Wenn sich Herz und Welt zusammenfinden, wird das enge Heim zu einem Brennpunkt des weiten Geistes, und sein Signal ist die geistesträchtige Bibliothek (+ 1 + 4). Gebildete Menschen werden beim Betreten einer unbekannten Wohnung wie von einem Magnet zur Bücherwand hingezogen. Sie möchten die Buchrücken nach einer interessanten Neuentdeckung durchstöbern. Absichtlich und unabsichtlich vermitteln ihnen die Buchtitel und die Gebrauchs- oder Verstaubungsspuren dabei eine gründliche Anamnese der Besuchs-(Versuchs-) Person.

Wer seine Bücher nach Groß- und Kleinformat oder nach Karton- und Lederrücken ordnet oder den Goethe mit Spirituosen füllt, der mag sich seine Kultur im Gemüsegarten oder auf dem Mond erworben haben, aus Büchern jedenfalls hat er sie nicht. Auch wenn altertümliche Lederwälzer (+ 2) wie Elefantenfüße im Buchregal stehen, ist das ein Signal literarischer Eitelkeit, wenn sie nicht durch ein Gegengewicht an gegenwartsnaher, geistvoller Literatur aufgewogen werden.

Musikinstrumente (+ 1), die in Gebrauch sind und offen herumliegen, oder Musiknoten (+ 1) sind Herz-Signale. **Musikinstrumente**

Ist die Wohnung mit Zeitschriftenausschnitten oder Schallplattenhüllen tapeziert, die Musikidole darstellen, oder schaut eine Beethoven-Büste vom Regal oder hängt ein Mozart-, Chopin-, Liszt- oder Wagner-Bildnis (+ 1 + 2) an der Wand, darf man annehmen, daß die Verehrung einen Idol-Charakter angenommen hat und man gerne in dieser Rolle gesehen werden möchte. **Büste Porträt Idol-Charakter**

Wenn Bilder von Dichterfürsten und von geistigen Leitbildern wie Buddha, Sokrates, Spinoza, Rudolf Steiner oder John F. Kennedy an der Wand hängen, ist es meist ein Signal des emotionalen Engagements (+ 1) für deren **Leitbild**

Blumen

Weltanschauung (+4). Das, was als Ideal oder Ideologie jener Leitbilder gilt, signalisiert in der Regel zugleich die Einstellung des Wohnungsbesitzers. Neben den Kerzen, die fast in jeder Wohnung vorkommen, sind Blumen (+ 1) ein weiteres Herz-Signal. Aber auch diese wandeln ihren Signalcharakter je nach der Art und den Motiven sehr wesentlich. Darum hier ein paar Beispiele:

Wiesenstrauß	»Geh aus mein Herz und suche Freud in dieser schönen Sommerzeit«
Strohblumen	Angelernte Gemütlichkeit, auch pflegeleicht
Grünpflanzen	Viel und lang für wenig Geld
Orchideen, Rosenstrauß	Teuer, folglich vornehm
3 Nelken mit Grünzeug	Billig, aber immerhin Blumen
Blumen-arrangement	Offensichtlich ästhetisch serviert
Künstliche Blumen	Herz-Signale aus Plastik

Die Prestige-Signale
des Grün-Typs (+2)

Daß ein Drittel der Wohnungen in allen Sozial-
schichten künstliche Blumen zur Schau stellt,
beweist, wie oft Herz-Signale (+ 1) zu Prestige-
Signalen (+2) umfunktioniert werden. Das geschieht nicht nur mit Blumen, sondern auch
mit Kerzen und mit religiösen Bildern. Kunst-
Ikonen (+1 +2), teure Madonnen-Plastiken
(+1 +2) oder dreiteilige Altarbilder (+1 +2)
scheinen als Prestige-Signale besonders zu imponieren. Die meist demütigen Sinnsprüche
(+ 1)» Bete und arbeite« können sich in selbst-
bewußte Prestige-Signale (+2) auswachsen:
» Noblesse oblige« oder» Nur die Arbeit kann
uns retten, die uns neue Werte schafft, wir zer-
reißen unsere Ketten letzten End's durch eigne
Kraft.«
Die meisten» lieblichen«,» schönen« Gegenstände stellen sich als Prestige-Signale zur
Schau. Das Familienwappen (+2), das früher
bei der Pforte, heute oft bei der Eingangstüre
aufgehängt wird, ist Prestige-Signal geworden.
Die Ahnengalerie und das Original-Ölbild im
Prunkrahmen, die Zinn-Teller und -Krüge, die
Schmuck-Teller und -Löffel, die Meißner-Por-

Ikonen
Madonnen-
Plastiken
Altarbilder
Sinnsprüche

Familien-
wappen

Ahnengalerie
Original-Ölbild

zellan-Figuren, die Spitzendecken und die Paradekissen, die durch einen kunstvollen Karateschlag ihre Ohren spitzen, sie alle sind zum Prestige umfunktionierte Herz-Signale (+2).

Perserteppiche
Antiquitäten

Wo Perserteppiche liegen (+1 +2), wo Schloßstilmöbel und Antiquitäten (+1 +2) stehen und Rosenstiche von P.J. Redouté (+1 +2) hängen, wollen die Herz-Prestige-Akkorde dem Besucher Noblesse und traditionell-kultivierten Geschmack vorgeigen.

Kamin

Wenn neben dem Kamin (+1 +2) ein Flügel (+1 +2) steht und die antike Standuhr (+1 +2) ebenfalls steht, weiß man, was es geschlagen hat.

Sammler

Auf sozial weniger anspruchsvollem Niveau stellen die Sammler von Bierdeckeln und Bierkrügen (+1 +2) ihre Signale zur Schau, an denen sie mehr mit ihrem Herzen (+1) oder mehr mit ihrem Stolz (+2) hängen. Beim Mineralien- oder Schmetterlingssammler (+1 +2) mag mehr das Herz-Signal, beim Münzen- oder beim Uhrensammler (+2 +1) – den im Grunde die technisch bewältigte Zeit fasziniert – mag mehr das Prestige-Signal überwiegen.

Fotos von
Angehörigen

Als Herz-Prestige-Signal gelten Fotos von Angehörigen, die aus ovalen Reifen (+1 +2) gukken. Wenn der Geschäftsmann seine Lieben im Silberrahmen (+1 +2) auf dem Schreibtisch stehen hat, versteht sich von selbst, daß er als Mann mit Anhang auch als treuer, verantwortungsbewußter Geschäftspartner beurteilt werden will.

Hochkarätige Prestige-Signale sind das Diplom (+2) und die Ehrenurkunde (+2), dieses papierene Ich, das manche an die Wand hängen, um sich und anderen ihre geistige Existenz zu beweisen.
Rührend schamlos sind Prestige-Signale, die als Fotos und Zeitungsbilder an der Wand hängen und zeigen, wie eine Zwergprominenz dem Geehrten die Hand schüttelt. Selbstgefällig sind jene Bilder, auf denen dem Geehrten niemand die Hand gibt, sondern sein Porträt (+2) in edler Einsamkeit und stiller Größe an einer der eigenen vier Wände hängt. Diese Art von Selbstbegegnung trägt den blumigen Namen »Narzißmus«. Fotos von der eigenen Hochzeit, die auf dem Büfett stehen, sind nur halb so narzißtisch, weil sich keiner vor dem anderen getraut, die geheiligte Illusion abzuräumen.
Einfache Gemüter, die das normale Leben als Vegetieren und Funktionieren verstehen, sehen im Konsumieren, im Genuß des nicht Notwendigen, im »unnützen Besitz«, im »Luxus« den Inbegriff des Prestiges. Eine große, italienische oder spanische Puppe (+2), die man nicht ein-

Diplom

Fotos

»Narzißmus«

»Luxus«

mal als Teewärmer benützen, sondern nur aufs
Sofa setzen kann, das ist für einfache Menschen
reiner Luxus und höchstes Prestige.

Die Potenz-Signale des
Rot-Typs (+3)

Das Herz-Signal (+1) kann vom sinnlichen
Behagen eine Brücke zum sexuellen Erregungs-
reiz, zum Potenz-Signal (+3) schlagen. Dient

Stereoanlage   die Stereoanlage (+1 +3) dazu, lauschige
Rhythmen über die Couch kriechen zu lassen,

Zigeuner-   zählen wir sie zu den Herz-Potenz-Signalen.
mädchen   Bilder von heißblütigen Zigeunermädchen
Flamenco-   (+3) und rassigen Flamencotänzerinnen (+3)
tänzerin   sowie Negerinnenfigürchen (+3) mit oder ohne
Negerinnen-   Baströckchen und auch sinnlich-kuschelige
figürchen   Felle (+1 +3) von Tigern, Zebras, Löwen
Felle   oder umgefärbten Hauskatzen sind Signale für
den Wunsch nach sexuellen Abenteuern. So
wie dem Opa der Öldruck »Raub der Sabine-
rinnen« (+1 +3) die Sinne raubte, so reizt

Sexposter   und stimuliert das Sexposter (+1 +3) den
Twen und ist dasselbe Signal.

Ob schön gemaltes Weiberfleisch (+3) konventionell oder Pornographie (+3) unkonventionell provoziert: als sexuelles Potenz-Signal
sind sie so ähnlich wie Eva und Leda.

Auch der Teddybär und Stofftiere (+1 +3),   Teddybär
die kleine Kinder und kindliche Fräuleins als
ihre wehrlosen Zärtlichkeitsopfer mit sich her-
umschleppen oder als Bettpartner benötigen,
sind erotische Signale. Puppen (+1 +3) und
Maskottchen (+1 +3), die herumgetragen   Maskottchen
werden oder im Autofenster mitfahren dürfen,
sind entweder Herz-Signale wie Anhänger als
Erinnerungszeichen (+1) oder sexuell-gru-
selnde Potenz-Signale wie Masken (+3) oder
Totenfratzen (+3), Totenköpfe (+3) und
knorrige Asttiere (+3).

Potenz-Signale (+3) sagen nichts über die tat-
sächliche sexuelle Potenz aus, sondern nur, daß
man für intensiv, erregend interessant und zu-
packend begehrlich gehalten werden möchte.
Diese als männlich glorifizierten Eigenschaften
wollen die Siegertrophäen, die Becher   Siegertrophäen
(+3 +2), Kränze (+3 +2), Rosetten
(+3 +2) und Teller (+3 +2) ausdrücken, die
der Kegelverein, die Damenriege, der Schüt-
zen-, Fußball- oder Reiter-Verein und die Ver-
anstalter von Autorennen ihren Favoriten
überreichen. Zu Hause dokumentieren die ver-

silberten Kelche verschämt oder provozierend
die Kraft und die Herrlichkeit in Ewigkeit.

Spielzeugautos   Beim kleinen Kind sind es die zierlichen Spielzeugautos (+ 3), die kilogrammweise herum-
stehen, um das lebhafte Potenzbedürfnis nach
Lust und Laune zufriedenzustellen. Beim gro-
Modelle   ßen Kind sind es Bilder und Modelle von Mo-
torrädern (+ 3) oder von Autos (+ 3), der For-
Autozubehör-   mel I oder der Formel 1920, und Autozubehör-
teile   teile (+ 3), die zu Wohnungszubehörteilen umfunktioniert werden.
Leder   Lederbezogene Behälter (+ 3) wie Papierkör-
be, Aschenbecher oder Schnapsflaschen und
spanische Weingefäße oder lederne Trinkbeu-
tel betonen die soldatische Männlichkeit.
Wenn dazu auch noch das Welt-Signal der Ferne (+ 4) tritt, entsteht das Welt-Potenz-Signal
des Weltmanns.
Weltkarte   Als Großkaufmann hängt er eine Weltkarte
mit Positionsflaggen (+ 3 + 4) hinter seinem
Schreibtisch im Blickfeld des Besuchers auf.
Als Jollenkapitän oder Südseeromantiker an-
kert er zu Hause zwischen Flaggen, Schiffs-
tauen, Schiffslaternen, Rettungsringen, Fi-
schernetzen, Muscheln und einem Steuerrad-
Barometer (+ 3 + 4).
Als weltmännische Welteroberer fühlen sich
Hinz und Kunz, wenn sie ihre Wände mit Welt-

Potenz-Signalen behängen, mit Schild und Speer aus fernen Landen (+3 +4), mit einer Schlangenhaut und einem grauslichen Krokodil (+3 +4). Die modernen Welteroberer sehen sich als Eroberer des Weltalls. Sie haben das Segelboot gegen die Astronautenfähre ausgetauscht. Wozu früher der Wind recht war, ist heute die Rakete gut genug, darum ist auch das Angebot an Welt-Potenz-Signalen durch Flugzeug- und Raketenmodelle (+4 +3) abgerundet worden.

Schild und
Speer
Schlangenhaut

Astronauten-
fähre

Flugzeugmodell

Die Welt-Signale des Gelb-Typs (+4)

Außer der räumlichen Weite gibt es auch die des geistigen Horizontes. Auch diese Weite der weltoffenen Intelligenz (+4) ist ein beliebtes Prestige-Signal. Daraus entsteht der moderne, aber dissonante Welt-Prestige-Akkord. Mit Cleverness sich Geld und Bekanntheit zu erwerben, »in« zu sein und zum Jet-set seines Wohnviertels zu gehören, das ist das schweißlos fleißige Bemühen der Zwergprominenz (+2 +4). Alle Signale, welche Modernität,

unabkömmliche Wichtigkeit und einen unermeßlichen Bekanntenkreis andeuten, finden
sich bei ihr in Auto, Haus und Garten.
moderne Kunst   Die Modernität dokumentiert man durch moderne Kunst (+2 +4), von der Originalgra-
phik an der Wand bis zum Kunst-Gerümpel,
das am Boden herumliegt und Gott sei Dank
als Conversationpiece die Gesprächslücken
beim Cocktail füllen hilft. Die unabkömmliche
Wichtigkeit der Persönlichkeit wird durch
Telefon   die Wichtigkeit der Telefoninstallationen
(+4 +2) betont. Diese Apparate, mit speziellen Farben und speziellen automatischen Tele-
fonbeantwortern an speziell vielen Orten – im
Auto, im Garten, in allen Abeits-, Eß-, Schlaf-,
Badezimmern und nicht zuletzt im Lift – helfen
überall und sofort Entscheidungen zu treffen,
die für wichtig gehalten werden. Ein dichtes
Fernsteuerungs-   Netz an Leitungen und Fernsteuerungssyste-
system   men (+2 +4) durchzieht das Revier. Vom Ga-
ragentor und Jet-Stream-Swimmingpool, vom
Tür-, Fenster- und Markisenautomaten bis
zum Manikürapparat läuft alles elektrisch
(+2 +4).
Speisekarten   Auch die Sammlung von Speisekarten
(+2 +4) international renommierter Gaststät-
Weinkeller   ten oder das Sorteninventar des eigenen Wein-
kellers (+2 +4) und die hochgeschraubten

Barhocker (+2 +4), auf denen die Partygäste   Barhocker
Gelegenheit haben, sich gegenseitig zu bestätigen, gehören zum Inventar der Welt-Prestige-
Signale, die dem menschlichen Rollen-Spiel
einen würdigen Rahmen geben.

Signale der Körper-Beschwerden

»Wie geht's?« ist eine so höfliche Frage, daß man sie mit Übergehen oder mit »Danke« zufriedenstellend zu beantworten pflegt. Aber manche nehmen sie und sich ernst und quittieren:»Ich kann nicht klagen.« Andere hingegen können es und wollen es. Sie haben Beschwerden.

Die Beschwerden, mögen sie noch so schmerzvoll empfunden oder noch so klagend vorgebracht werden, bieten keinen zuverlässigen Maßstab für den Gesundheitszustand des Körpers. Es gibt Grenzfälle, da der Patient über schmerzhafte Beschwerden klagt, aber organisch gesund ist; und es gibt nach neueren Untersuchungen einen Großteil von Menschen, deren organischer Befund eine klinische Behandlung erfordern würde, die aber keine Beschwerden haben, sich gesund fühlen und deshalb auch keinen Grund sehen, einen Arzt aufzusuchen.

schmerzhafte Beschwerden

Von allen Körperteilen gehen ständig Reize aus, die als Körperempfindung den Menschen über seinen Gesundheitszustand informieren. Je nachdem wie stark die Aufmerksamkeit entweder der Umwelt oder dem eigenen körperlichen Befinden zugewandt ist, wird der körperliche Zustand heftig, angemessen oder überhaupt nicht wahrgenommen.

Verletzt man sich, während man von einem Interesse ganz in Anspruch genommen ist, stellt man hinterher mit Erstaunen eine blutende Wunde fest, die keine Empfindung und keinen Schmerz erzeugt hat.

Umgekehrt kann die Angst vor einem Herzschmerz, vor einem Asthmaanfall oder einer Kolik diese Zustände spontan auslösen.

Wer sich selbst verwirklicht, nimmt ebenso wie zur übrigen Umwelt auch zum eigenen Körper eine realitätsangemessene Stellung ein. Er empfindet Hunger und die angemessene Sättigung, das richtige Maß an Durst. Er spürt das Maß an Müdigkeit und befriedigt sein Erholungsbedürfnis oder das körperlich notwendige Bewegungsbedürfnis.

Auch der eigene Körper ist Teil der Selbstverwirklichung. Diesem Ziel der körperlichen Selbstverwirklichung dienen zahlreiche Methoden wie einerseits das motorische sportliche Training und anderseits das sensorische autogene Training oder Joga, der als Hata-Joga die sportliche und als meditativer Joga auch beide Seiten kultiviert.

körperliche Selbstverwirklichung Die körperliche Selbstverwirklichung, die natürliche Kreatürlichkeit entgleitet dem Menschen, wenn er von seinen übersteigerten Ansprüchen, von seiner Idol-Rolle und seiner De-

fensiv-Rolle, beherrscht wird. Wer die Selbstverwirklichung preisgibt und seinem Rollen-
spiel verfällt, zieht den eigenen Körper in Mit-
leidenschaft. Er macht sich dadurch häufig
krank. Darum sagt Weizsäcker, daß Gesundheit etwas mit Wahrheit und Krankheit etwas
mit Unwahrheit zu tun hat.
Je mehr sich die psychische Energie statt der
realen Umwelt der Egozentrizität, dem imagi-
nären Idol-Ich und Angst-Ich zuwendet, wie
in der Depression und besonders in der Melan-
cholie, desto mehr wird der reale Zustand des
eigenen Körpers dramatisiert. Der Körper
muß die dramatisierten Rollen spielen. Er muß
die dramatischen Beschwerden der Idol-Rolle   Beschwerden als
und der Defensiv-Rolle verkörpern.   Rolle
Die genaue Analyse der Affektstrukturen bei
psychosomatischen Erkrankungen mit dem
»Klinischen Farbtest« (Test-Verlag, Basel,
Schweiz) durch zahlreiche Mitarbeiter während der letzten zwei Jahrzehnte hat ergeben,
daß bei jeder »fixierten Kompensationshal-
tung« (Neurose) das Idol-Ich regelmäßig eine   Neurose
Defensiv-Rolle und das Angst-Ich regelmäßig
eine Idol-Rolle produzieren. Diese kann an der
kompensatorisch bevorzugten Farbe (+) abgelesen werden; die Defensiv-Rolle (−) zeigt sich
in der kompensatorisch abgelehnten Farbe.

Zwischen dem Selbstgefühl und dem umwelt-
bezogenen Rollenverhalten besteht ein kreuz-
weiser Bezug: vom Idol-Ich (+) zur Defensiv-
Rolle (−) und vom Angst-Ich (−) zur Idol-
Rolle (+).
Obgleich bestimmte Affektstrukturen mit bestimmten Beschwerden in bestimmten Körper-
bereichen oder Organen als typisch erscheinen,
läßt sich eine zuverlässige kausale Zuord-
»Organwahl«   nung der »Organwahl« nach unseren Erfahrungen nicht vertreten.
Vergleicht man die psychische Konfliktsitua-
tion mit einer Gewitterlage und erwartet, daß
der Blitz den Blitzableiter trifft beziehungsweise daß die gestaute Aggression den Bluthochdruck erzeugt, so nimmt man den typischen
Fall der Regel an. Nicht selten schlägt der Blitz
aber dicht neben dem Blitzableiter ein beziehungsweise die gestaute Aggression wirkt sich
nicht als Hypertonie, sondern in einem Magen-
geschwür aus, weil in diesem Falle am Magen
eine organische Schwäche bestand und dieser
Angriffspunkt   deshalb einen leichten Angriffspunkt bot.
Unter dem Vorbehalt der Regel mit Ausnah-
men werden im folgenden einige psychosomatische Körper-Beschwerden als typische Signale
bestimmter Affektstrukturen beschrieben.

Die Körper-Beschwerden des Blau-Typs

Grundthema im Leben des Blau-Typs ist die gemüthafte Bindung, der Partnerbezug und seine Gefühlshaltung. Seine Problematik pendelt zwischen der Idol-Rolle (+ 1) und der Defensiv-Rolle (− 1) hin und her.

Idol-Rolle (+ 1)	Defensiv-Rolle (− 1)
Ruhebedürfnis, intensives Bedürfnis nach gemüthafter Befriedigung und Bindung, Streben nach Harmonie, Empfindsamkeit	Abwehr gegen Reiz-Leere, Bindungs-Leere Unruhe, Sperrung der gemüthaften Hingabe, Abwendung vom Partner

Die Beschwerden des Blau-Typs sind Variationen über sein Grundthema: das Gemüt. Seine Haupterkrankungen sind die »Gemütskrankheiten«, die Depressionen. Das dunkle Nacht-blau, in dem man glaubt versinken zu können, ist die Farbe des depressiven Soges in die Tiefe. Patienten mit »agitierter Depression« (+4 −1) bevorzugen in der Regel die Farbe Gelb und lehnen Dunkelblau ab.
Daraus sind die Symptome der agitierten Depression direkt ablesbar: Die Ablehnung von

Depression

Blau (− 1) bedeutet Angst vor Reiz-Leere und vor deprimierender Langeweile, daher Un-Ruhe, Agitiertheit. Die Bevorzugung von Gelb (+ 4) bedeutet übersteigertes Bedürfnis nach Veränderung, Hoffen, Suchen, Getriebenheit. Welches sind die Motive zu dieser Idol- und Defensiv-Rolle?

Nach der Funktionspsychologie ist die Defensiv-Rolle (− 1) mit dem Idol-Ich (+ 1) gekoppelt. Die Forderungen des Idol-Ichs (+ 1) sind ein übersteigerter Anspruch auf Befriedigung, auf Erfüllung und harmonische Ruhe. Nach der Funktionspsychologie ist die Idol-Rolle (+ 4) mit dem Angst-Ich (− 4) gekoppelt: Das

agitierte Depression
+ 4 − 1

Angst-Ich empfindet Angst vor Weite, vor Verlorenheit und Verlust. Die agitierte Depression (+ 4 − 1), die sich im Rollen-Verhalten der Unruhe, Getriebenheit, Verzweiflung und Problemflucht äußert, wurzelt in einem Selbstgefühl (+ 1 − 4), das durch die Angst vor Verlorenheit und die Sehnsucht nach Geborgenheit geprägt ist.

Verzweiflung
+ 4 − 3

Arrangement

Was anfänglich als Verzweiflung (+ 4 − 3) und aussichtslose Situation erkannt worden ist, wird bei den meisten Menschen allmählich zum Arrangement, mit dem sie leben müssen. Das Mißbehagen wird zur Gewohnheit. Das Idol-Ich hat resigniert (− 3), der Körper aber spielt

seine Defensiv-Rolle der Abwehr gegen ein ent-
täuschendes, sinnleeres, verlorenes Leben (−4)
weiter. Die Depression (+1) tritt psychisch
nicht mehr in Erscheinung, sie ist verdeckt,
»maskiert«. Diese »larvierte Depression« ist
nur noch an den typischen Beschwerden zu
erkennen: Würgegefühle im Hals, Enge in der
Brust, Atembeschwerden, Appetitlosigkeit,
Beklemmungsgefühle in der Herzgegend,
Schweißausbrüche, Zittern, Schlafstörungen,
Gefühl der Abgeschlagenheit, rasche Erschöpfung, kühle oder blasse Haut.
Die Depression (+1) kann sich auch bei der
Sehfähigkeit äußern: »Man sieht alles wie
durch einen Nebel, leicht verschwommen.«
Bei der »gehemmten Depression« (+4 −2)
verlangt das Idol-Ich eine selbstherrliche Überlegenheit (+2). Das Angst-Ich hingegen ist
ebenfalls von der Angst vor Verlorenheit beherrscht (−4).
Schlaflosigkeit (−1), Einschlaf- und Durch-
schlafstörungen sind die häufigsten Beschwerden bei Störungen im Blau-Bereich. Die Haut,
das Organ der zärtlichen Empfindungen, gehört ebenfalls dem Blau-Bereich an. Hand-
schweiß, Überempfindlichkeit gegenüber Kälte oder Wärme können Ausdruck unbefriedig-
ter, unerfüllter Gemütsbeziehungen (−1) und

»larvierte
Depression«

»gehemmte
Depression«
+4 −2

Schlaflosigkeit

Haut

Juckreiz
Erröten

Ekzem

Menstruation

Alkoholismus
Fettsucht

daher unangemessener Gespanntheit und Empfindlichkeit sein. Noch intensiver kann sich die Unbefriedigtheit (−1) und innere Gereiztheit als Juckreiz oder Allergie ausdrücken. Daß Erröten als Schamgefühl, Blaßwerden und Schweißausbrüche direkte Äußerungen der Gemütsverfassung sind, ist allgemein bekannt. Das Genitalekzem entspringt häufig der Ablehnung des Partners (−1) oder bei beruflich bedingten Allergien der Ablehnung der beruflichen Bindung (−1). Daß Pickel (Akne) dann entstehen oder sich vermehren können, wenn Konfliktspannungen gegenüber den Eltern oder dem Liebespartner auftreten und somit die unbefriedigte Gemütslage (−1) widerspiegeln, kann man an jungen Menschen oft beobachten. Auch die Menstruation, die in entspanntem Zustand schmerzfrei ist, kann bei einer unruhig gespannten Gemütslage (−1) Schmerzen und Störungen unterworfen sein (Dysmenorrhöe). Sie kann sich wegen sexuellen Beziehungskonflikten (−1) sogar verlängern (Menorrhagie) oder ganz ausbleiben und die Absage an die sexuelle Partnerbindung demonstrieren (−1). Alkoholismus (+1 −4) und Fettsucht (+1 −4) sind psychosomatische Ersatzbefriedigungen für Erwartungen (+4), die enttäuscht worden sind (− 4) und in der Betäubung mit Alkohol oder Schlemmereien eine Befriedigung (+ 1) suchen.

Die Körper-Beschwerden des Grün-Typs

Grundthema im Leben des Grün-Typs ist die Selbstbestätigung, seine Ich-Einschätzung und seine Willenshaltung. Seine Problematik pendelt zwischen der Idol-Rolle der Überlegenheit (+ 2) und der Defensiv-Rolle gegen Unterlegenheit (− 2) hin und her.

Selbst-
bestätigung

Idol-Rolle (+ 2)

Behauptungswille,
Willensspannung,
Geltungsanspruch,
autistische Rollen-
forderung

Defensiv-Rolle (− 2)

Abwehr gegen Enge,
Behinderte Selbstverwirklichung,
Abwehrspannung,
leidet unter Härte, Druck oder
· Zwangssituation

Die Beschwerden des Grün-Typs sind Variationen über sein Grundthema: Sich behaupten, sich bemächtigen. Was er beansprucht, will er besitzen; darüber will er verfügen und verteidigt seinen Anspruch mit aller Macht.

Wirbelsäule	Die Wirbelsäule, vom Nacken einschließlich der Schultern bis hinab ins Kreuz, scheint in der Körpersprache die Art der Selbstbehauptung wiederzugeben.
Verdauungstrakt	Der Verdauungstrakt, Schlund, Magen, Zwölffingerdarm, Gallenblase, Dickdarm und After scheinen in der Körpersprache die Art zu beschreiben, wie man sich seiner Welt bemächtigt. »Hartnäckig« nennt man Menschen, die ihre Selbstbehauptung (+2) auf die Spitze treiben.
Schultern	Durch das ständige, leichte Hochziehen der Schultern als Ausdruck einer Selbstbehauptungs- und Verteidigungshaltung sind die Hals-Schulter-Muskeln vieler Menschen verkrampft und schmerzempfindlich, wenn man mit dem Daumen daraufdrückt. Diese andauernde Krampfhaltung (+2) kann zu Durchblutungsstörungen im Kopf und zum Cervikalkopfschmerz führen.
Rückenschmerzen	Im Röntgenbild findet man Wirbelsäulen mit Bandscheibenschäden, die gleichwohl keine Beschwerden erzeugen. Man findet aber auch Bandscheiben, die gesund zu sein scheinen, obwohl der Patient über starke Rückenschmerzen klagt. Die Schmerzempfindlichkeit, aber auch die Belastung der Wirbelsäule ist nicht nur vom Tra-

gen schwerer Lasten abhängig, sondern kann auch von der psychischen Verteidigungs- und Selbstbehauptungshaltung verursacht sein.

Durch die ständige Abwehrspannung (-2) gegenüber einer als Druck empfundenen, behindernden Lebenssituation, entsteht eine starke und vor allem andauernde Anspannung der Rückenmuskulatur, die sich schließlich als Schmerz oder Schädigung auswirkt.   *Abwehrspannung*

Im unteren Teil der Wirbelsäule, in der Kreuzgegend – die auch während der Menstruation oft sensibilisiert ist – scheinen sich diejenigen Beschwerden zu lokalisieren, die durch eine meist unbewußte Abwehrspannung (-2) gegen die eigene Sexualität und leibliche Sinnlichkeit hervorgerufen sein können.   *Kreuzgegend*

Eine solche Abwehrspannung (-2) entsteht in allen Fällen, wenn die Sinnlichkeit und Sexualität als triebhaft und minderwertig bewertet wird, also bei allen Menschen, deren Geltungsanspruch und Idol-Ich ($+2$) eine abwertende Einstellung gegenüber den sexuellen »Trieben« einnimmt.

Der Verdauungstrakt ist der zweite Bereich, der in der Körpersprache des Grün-Typs häufig zu Beschwerden führt.   *Verdauungstrakt*

Im Verdauungstrakt »verkörpern« sich nicht nur die Emotionen der eigentlichen Selbstbehauptung (+ 2), sondern der Behauptungswille stellt seine Ansprüche. Er will sich eines ganzen Reviers bemächtigen; er will dieses in Besitz nehmen und darüber mit aller Macht verfügen (+ 2). Dabei entfaltet der Grün-Typ Aktivitäten, durch die er zugleich auch am Rot-Typ (+ 3) teilnimmt.

Zahnstellung   Bereits die vom Zungendruck geformte Zahnstellung und der Zustand der Zähne kann vom Behauptungs- und Bemächtigungswillen (+ 2 + 3) oder vom Mangel an Willensfestigkeit beeinflußt sein (− 2).

Würgegefühl   Der Schlund kann abwehren und ein Würgegefühl (− 2) erzeugen, wenn das Idol-Ich (+ 2) nicht mehr bereit ist, zu schlucken, was ihm zugemutet wird und den Zustand deprimierend, unerträglich findet.

Magen   Ebenso verhält sich der Magen. Beansprucht das Idol-Ich einen unbehinderten Erfolgshorizont (+ 2 + 3), dann kann bei einer einschränkenden oder beengenden Umweltsituation, zum Beispiel bei einer unerwünschten Schwangerschaft oder einer frustrierenden Ehesituation, der Magen die Defensiv-Rolle der Abwehr gegen Beengung (− 2) und gegen Überreizung (− 3) spielen und durch Brechreiz erbrechen, was das Idol-Ich (+ 2 + 3) nicht bereit ist anzunehmen.

Leidet das Angst-Ich unter dem Gefühl der Unterlegenheit und des Ungenügens (−2 −3), dann kann der Magen die Idol-Rolle des überlegenen Sich-Bemächtigens (+2 +3) spielen. Er spielt sich zum ehrgeizigen Allesfresser auf und produziert deshalb soviel Magensäure, daß Magenschmerzen und Magengeschwüre entstehen können.

Versuche haben gezeigt, daß Magengeschwüre allein durch beruhigende Psychopharmaka, die psychisch abschirmend wirken, abheilen können. Daß damit allerdings nur das akute Symptom behoben ist, darf nicht übersehen werden.

Ebenfalls als Beschwerde-Signale der Körpersprache können Entzündungen auftreten, die zu Geschwüren im Bereich des Zwölffingerdarms und des Dickdarms (Colitis) führen. In diesen Weichteilen des Bauches scheint der Behauptungswille des Grün-Typs sich mit den weichen Eigenschaften des Blau-Typs zu verbinden (+1 +2).

Darm

Wenn der Besonderheitsanspruch (+1 +2), den das Idol-Ich stellt, ignoriert wird, wenn die liebevolle Anerkennung und persönliche Wertschätzung ausbleibt, wird die Situation als Zwang (−2) empfunden, und zugleich erfolgt eine innere Abwendung (−1). Das Ge-

Diarrhöe

fühl, mißachtet oder unterdrückt zu werden (-1 -2), wird verbal in allen Äußerungen mit dem Kernwort »Scheiße« zur Darstellung gebracht, und der Darm selbst spielt genau dieselbe Rolle (-2). In seiner Körpersprache heißt sie Diarrhöe.

Obstipation

Umgekehrt verhält sich der Darm bei den vielen Menschen, die sich in ihrem Selbstgefühl nicht sehr bedeutend vorkommen, deren Angst-Ich durch geheime Selbstzweifel (-1 -2) geprägt ist, die aber ein starkes Maß an Bestätigung benötigen und deshalb die Rolle einer besonderen Persönlichkeit ($+1$ $+2$) spielen möchten. Auch hier wollen Darm und After ein treues Abbild der Persönlichkeit repräsentieren. Auch letzterer bemüht sich angespannt und verkrampft, zu behalten, was er hat, und seinen festen Besitz zu verteidigen ($+2$). Obstipation heißt der medizinische Ausdruck für dieses Beschwerde-Signal der Körpersprache. Da auch der After in Habacht-Stellung vor der Besonderheit der eigenen Persönlichkeit verharrt ($+2$), wird er bald mit den verdienten Hämorrhoiden dekoriert.

Hämorrhoiden
Gallenblase

Der Saft der Gallenblase kann sich zu Steinen eindicken und durch Dehnungsschmerz Koliken auslösen. Die psychosomatischen Untersuchungen mit dem Farbtest legen nahe, daß au-

ßer dem Besitz- oder Verfügungsanspruch
(+2) auch die Angst vor Enttäuschung und
vor Verlust an Besitz, Geltung oder Einfluß
(−4) und Verdrängung von Enttäuschungen
(−4) Gallenblasenbeschwerden erzeugen können. Nach *K. Beckmann* (Krankheit der Leber-
und Gallenwege, Handbuch für innere Medizin,
S. 529, 1953) tragen 30% der männlichen und
40% der weiblichen Bevölkerung Gallensteine
mit sich herum, ohne jemals Schmerzempfin-
dung verspürt zu haben. Anderseits hat die
Chirurgie bewiesen, daß es auch ohne Steine
Gallenkoliken geben kann. Wie der Volks-
mund die Galle mit Neid und »bitterer« Enttäuschung zusammengebracht hat, so scheint
auch die Körpersprache sich dann über Gallen-
beschwerden mitzuteilen, wenn die Selbstbestätigung (+2 −4) durch bittere Enttäuschungen (−4) gekränkt wird.

Die Körper-Beschwerden des Rot-Typs

Rot repräsentiert die Erregung und ihre Um-
setzung in die körperliche Motorik, in die Be-   Motorik

wegung und Aktivität. Die Erregung und Aktivität äußert sich psychisch als Erfolgs- und Erlebnisanspruch und steigert sich in der Idol-Rolle (+3) zum Erlebnisdrang und zum rastlosen Erfolgsbegehren bis zur hektischen Betriebsamkeit. Die Defensiv-Rolle (−3) hingegen ist die Abwehr gegen die Aufregungen und die Reizeinflüsse, da sie als unerträgliche Überreizung und Überforderung empfunden werden.

Idol-Rolle (+3)	Defensiv-Rolle (−3)
Erlebnisdrang, hektisches Engagement	Abwehr gegen Über-Reizung, Überforderung der Erlebnisverarbeitung, aus Schwäche reizbar

Aktivitäts-
niveau

Bluthochdruck

Die Vitaldynamik und das Aktivitätsniveau wird durch den Erfolgs- und Erlebnisanspruch (+3) stimuliert, und die vegetativen Funktionen, insbesondere der Blutdruck, werden erhöht (+3).

Die Wirkungs- und Erfolgsansprüche des Rot-Typs sind groß. Stellen sich ihnen Widerstände entgegen und sind die Umweltbedingungen für das Idol-Ich des Rot-Typs unbefriedigend, so erzeugen die behinderten Erfolgsansprüche Aggressionen. Diese auszuleben hätte unliebsame Folgen. Deshalb greift die Defensiv-Rolle als Notbremse ein und staut die Aggressionen

(−3). Der erregende Kampf findet daher nicht in der Arena des Alltags, sondern im eigenen Körper statt, wodurch der Blutdruck ansteigt und als Hypertonie chronisch werden kann. Ist der absolute oder autoritäre Anspruch (+2 +3) des Idol-Ichs an der Umweltsituation gescheitert, dann kann daraus ein chronisch niedriger Blutdruck entstehen. Der hypotone Blutdruck wird zur Defensiv-Rolle. Als Schwäche und hilflose Ohnmacht (−2 −3) findet sie ihren körperlichen Ausdruck. Das Idol-Ich hat wegen ungünstiger Verhältnisse den Rückzug aus der Arena des Alltags angeordnet.

Hypertonie

Hypotonie

Das Idol-Ich der Männlichkeit (+2 +3) erzeugt bekanntlich, besonders bei der erstmaligen Begegnung mit einer neuen Sexualpartnerin, die Defensiv-Rolle der hilflosen Ohnmacht (−2 −3). Impotenz ist ein radikales Mittel, um sich der untragbaren Rolle der überhöhten Männlichkeit zu entziehen. Blamage oder omnipotenter Halbgott, das ist die Frage. Das Idol-Ich hat sich für die Blamage entschieden.

Impotenz

Frauen, deren Angst-Ich von der Angst des Ungenügens und besonders von der Selbstunsicherheit gegenüber dem Manne geprägt ist, legen sich die Idol-Rolle der überlegenen Selbstbehauptung (+2) zu und bleiben durch Selbstbeobachtung, Selbstkontrolle oder durch die

Frigidität

Willensanspannung, einen Orgasmus zu erzeugen, frigid. Selbsthingabe oder lustlose Frigidität, das ist hier die Frage. Das Angst-Ich wählt
die Frigidität ($+2$ -3), weil es fürchtet, durch
die Hingabe das eigene, dranghafte Abhängig-
keitsbedürfnis zu entfesseln.

Herzinfarkt *W. Eggert* (Wirkungsnachweis zentraler Regu-
lationen bei vegetativen Funktionsstörungen
mit Hilfe des Lüscher-Tests; Medizinische Welt
1967) hat aufgezeigt, daß die Disposition zum
Herzinfarkt sich ebenfalls im Farbtest widerspiegeln kann. Bei Infarktpatienten fand er oft
schon mehrere Monate vor der Erkrankung
und bevor sich im EKG Anzeichen ergaben,
die kompensatorische Bevorzugung der Farben Rot und Grün ($+3$ $+2$), die den Selbst-
durchsetzungsdrang ($+3$ $+2$) dokumentieren,
bei einer gleichzeitigen bestimmten anderen
Farbwahl (Folge von Grau und Braun), die
eine widerstandsunfähige vitale Erschöpfung
aufdecken. Demzufolge ist das Selbstgefühl des
Infarktgefährdeten mit -3 -2 als Angst vor
Mißerfolg, als quälende Zwangssituation und
letztlich als Angst vor der inneren Selbständigkeit genau definiert.
Ob die Flucht in den Streß ($+3$ $+2$) aus dem
Vergessen einer bitteren Enttäuschung (-4) re-
sultiert oder eine Abwehr gegen das Versinken

in eine depressive Leere (−1) ist, das zeigen die Farben, die der Patient als unsympathisch ablehnt.

Die Körper-Beschwerden des Gelb-Typs

Gelb, die Weite, entspricht in der Körpersprache der Atmung.

Atmung

Thema des Gelb-Typs ist die Entfaltung des Erlebnishorizontes, die Veränderungsbereitschaft und die Erwartungshaltung. Er kann Gutes erhoffen (+4); er kann in der Erwartungsangst (−4) aber auch Böses befürchten. Zwischen diesen beiden Polen, zwischen der Idol-Rolle (+4) und der Defensiv-Rolle (−4), pendelt seine Problematik hin und her.

Idol-Rolle (+4)	Defensiv-Rolle (−4)
Reiz-Aufnahme zur Lösung der inneren Spannung, Begegnungserwartung, Ausweitung des Entfaltungshorizontes, Getriebenheit, Problemflucht, illusionäre Zukunftserwartungen.	Abwehr gegen Weite, Angst vor Verlorenheit, Angst vor Zurückweisung, vor Geltungsverlust, besorgte Erwartungsspannung.

Den Wechsel zwischen Weite und Enge, zwischen Ausweitung und Verengung erleben wir am eigenen Körper ununterbrochen durch die Atmung. Weite (+4) und Enge (−4), das Selbstgefühl, das in der Brust zur Körpersprache wird, also Atemvolumen und Atmungshäufigkeit, sind das Barometer der seelischen Wetterlage. Freudvolle Begeisterung und Erwartungen (+4) weiten die Brust. Bittere Enttäuschungen und Erwartungsangst (−4), Angst, etwas Geliebtes zu verlieren (−4), und Sorgen (−4) beengen sie wie ein Alptraum. Nach *D. A. Williams* (Acta allergica, Kbh., 1958, 12, 376) ist bei 70,2% der 487 untersuchten Patienten mit Bronchialasthma neben der infektiösen und allergischen Ursache die seelische Ursache mitbeteiligt.

Asthma-disposition
Psychoanalytische Untersuchungen haben ergeben, daß Patienten mit Atemnot den Vater oft als bedrückende Autorität empfunden haben. Das hat bewirkt, daß sie sich vermehrt an die Mutter anklammern. Die vertrauensvolle Sympathie (+1) und die aufgeschlossene Teilnahme (+4) der Mutter, ihr liebevoll verwöhnendes Umsorgen (+1 +4) hat dem Kind zunächst ein Paradies der Heiterkeit und des Vertrauens bereitet (+1 +4). Dieses zu verlieren, die Fürsorge der Mutter zu entbehren oder mit

der schonungslosen Realität konfrontiert zu
werden, der Verlust des paradiesischen Zustan-
des, das Gefühl der Verlassenheit (−1 −4) ist
ein todesähnlicher Schock, ein Alptraum. −
Einer, der sicher eintritt, denn früher oder später wird das mütterliche Nest von der Realität
des Alltags abgelöst. Darauf ist das verwöh-
nend umsorgte Kind nicht vorbereitet. Durch
seine völlige Abhängigkeit von der bemuttern-
den Fürsorge, die sich mehr oder weniger als
besitzende, aber autoritäre Überbesorgtheit
auswirkt, wird das Kind zur notwendigen
Selbstdurchsetzung (+3 +2) unfähig und verharrt in seinem Gefühl der Verlassenheit
(−1 −4), des Verlusts (−4) und der Liebesent-
behrung (−1).
Die Verwandtschaft zwischen der funktions-
psychologischen Struktur des Asthma (1 und
4) und der Depression (1 und 4) wird auch
klinisch als Feldwechsel zwischen Asthma und
Depression öfter beobachtet.

Asthma und
Depression

Bei dieser seelischen Entwicklung ist verständlich, wenn die Asthmatiker mit den Eigenschaften der ewig Verlassenen (−1 −4), die ständig
darum besorgt sind, das Wohlwollen der anderen nicht zu verlieren (−1 −4), beschrieben
werden: »Kein Selbstvertrauen, wehrlos kind-
lich, scheu, einzelgängerisch, aber zuvorkom-

mend, man spürt das Bedürfnis nach einem
Mütterlichen Schutz.« Nach unserer Statistik an 36 892 Versuchsper-
sonen wird Gelb als einzige Farbe im Durch-
schnitt häufiger abgelehnt, als es der normalen
Verlaufskurve der Farbwahlen entsprechen
würde. Die Ablehnung von Gelb (−4), Signal
einer übermäßigen, am weitesten verbreiteten
Form der Angst, die Angst vor der Veränderung, vor dem Verlust an menschlichen Beziehungen oder an Besitz, dieses Gefühl bitterer
Enttäuschungen und der Verlorenheit (−4) ist
nicht nur beim Asthma, sondern bei vielen psychosomatischen Erkrankungen mitbeteiligt.
Bei allen psychosomatischen Symptomen bedarf es aber zum Verständnis der individuellen
Affektstruktur der differenzierten Abklärung
mit dem » Klinischen Farbtest«, der auch Hinweise auf die verschiedenen Therapiemaßnah-
men bietet.

Nachwort

Ich habe beim Beobachten meiner Mitmenschen und Beschreiben ihrer Signale weder die Kasperle-Frage gestellt: »Seid Ihr alle da?«, noch ging es mir um das Moralisieren irgendeines menschlichen Verhaltens. Diese Führung durch den anthropologischen Garten und das Beobachten der Signale soll im Gegenteil zum Verstehen und zur Toleranz gegenüber jeder Art von Persönlichkeit anregen. Jedes ideologische Moralisieren ist Signal einer inneren Unfreiheit und unechten oder gescheiterten Selbstverwirklichung.

Verständnis und Heiterkeit hingegen sind das Signal jener Menschen, die keiner Signale bedürfen.

Register

Register

Register

Register

Register

Aufgenommen sind alle Marginal-Stichworte des Buches. Zusätzlich werden alle Namen aufgeführt.

Die Grundtypen der Funktionspsychologie

Ich-Selbstgefühl	Verhalten im Umweltbezug			
	Blau	Grün	Rot	○ Gelb
		Selbstverwirklichung		
Selbst-un-bewußtsein (=)				
Anspruch: relativ (Ich möchte)	= 1 Ruhe Entspannung Zufriedenheit	= 2 Festigkeit Beharrung Selbststeuerung	= 3 Erregung Bewegung Aktivität	= 4 Lösung Veränderung Entfaltung
		Idol-Rolle (+) »Ziel« (Drang nach)		
Idol-Ich (+) (überbewertetes Selbstbewußtsein)				
Anspruch: absolut (Ich will unbedingt)	+ 1 Befriedigung Betäubung Regression	+ 2 Geltung Imponieren Prestigeposition	+ 3 Erleben Erregtheit Reizsucht	+ 4 Unabhängigkeit Suchen Problemflucht
		Defensiv-Rolle (–) »Abwehr« (Angst vor)		
Angst-Ich (– –) (unterbewertetes Selbstbewußtsein)				
Anspruch: absolut nicht (Ich will auf keinen Fall)	– 1 Reiz-Leere Langeweile Liebesentbehrung	– 2 Enge Abhängigkeit Zwang	– 3 Über-Reizung Überdruß Erschöpfung	– 4 Weite Verlust Verlorenheit